U0643947

[美] 理查德 · 艾尔曼 著
吴其尧 译

Richard Ellmann

都柏林文学四杰

FOUR DUBLINERS

上海译文出版社

目 录

前言

这四个都柏林人——王尔德、叶芝、乔伊斯和贝克 9
特——不愿轻易承认互相之间的关系。但这种关系确实存在。其中有些属于史事。1883 年，十八岁的叶芝慕名前去聆听王尔德的讲座；1902 年，二十岁的乔伊斯初见叶芝，告诉诗人说他已经太老；1928 年，二十二岁的贝克特经人介绍认识了乔伊斯，从此成为其好友，但谈不上亲密；两人的关系经历时间洗礼而深厚。王尔德和叶芝互相敬重并且评论彼此的作品，甚至间或探讨相同的主题。乔伊斯认为王尔德是英雄般的受害者，在他后期作品中不时引用或提及王尔德。贝克特对其他三个人的作品都很熟悉，尤其对乔伊斯的作品了如指掌，他和一个朋友一起将《芬尼根守灵夜》中的《安娜·利维亚·普卢拉贝尔》部分翻译成了法文。

除了这些公开承认的文学上的紧密联系外，还有私人交往中的感人时刻。1888 年，王尔德邀请叶芝共进圣诞晚餐，似乎是因为叶芝在伦敦没有亲人，便对他格外照顾。叶芝则在王尔德因猥亵行为被起诉时为他四处申诉，打抱不平。几年后，叶芝清晨起身，六点钟就到尤斯顿火车站接乔伊斯，请年轻人吃过早饭，又带他去伦敦各大编辑部找工作。另一个场景是贝克特因斗殴被刺伤住进医院，乔伊斯满怀同情地默默坐在他的病床旁边。贝克特和叶芝第一次见面时，叶芝就颇为欣赏地背诵贝克特诗作《婊子镜》（*Whoroscope*）中的句子，令贝克特既惊讶又高兴。

而我们是以其他方式把这四个人放在一起来说的。他们相继触及我们意识中的大部分领域。王尔德漫不经心地走向其厄运，途中还不断打趣我们，不如他温文尔雅，风度翩翩，富有魅力，又嘲笑法律毫无智慧。叶芝竭力通过想象丰富的激情来克服平庸，变革现实。乔伊斯以毫不妥协的积极态度将非英雄和仿英雄转变成英雄，将平凡写出诗意，将宗教和国家一笔勾销。贝克特怀着其他人所肯定的相同激情去否定，但有时又显露出与他们类似的滑稽和格格不入感。这四个人似乎都以现代作家的姿态，驱除并颠覆一切——除了真理。

也许可以说，这四个人组成了一个奇怪的组合。而他们自己所不曾察觉的相同之处开始显现：一样都是背井离乡、诙谐风趣、晦涩难解、言辞激烈。这几个都柏林人，出类拔萃、自鸣得意，即便自认潦倒之时也要摆足阔气，就像叶芝诗中的毕达哥拉斯，有着金股[1]。他们提出又挑战自己的假设，他们逡巡于艺术和反艺术、愉悦和恐惧、接受和放弃之间。他们都来自同一座城市，这一点说明不了什么，但他们和祖国一样，为独立而苦战，蔑视外部强权的占领，同时内部也存在着很多分歧。这些特质并非爱尔兰独有，但是在爱尔兰得以集中体现。凭借这四个土生土长的都柏林人，这个曾经被迫归属于帝国的城市重获力量，以另一种统治权，即艺术的统治权，影响整个世界。

理查德·艾尔曼

于埃默里大学

1985 年 6 月 27 日

---

[1] 指叶芝《在学童中间》（Among School Children）的诗句："举世闻名的金股毕达哥拉斯。"（World-famous golden-thighed Pythagoras.）——本书注释皆为译注

都柏林文学四杰

奥斯卡·王尔德，N. 萨洛尼 摄，纽约，1882 年

奥斯卡·王尔德在牛津

奥斯卡·王尔德——一听到这个名字，人们就会期待他的 13
妙语，将平庸的一本正经变成轻浮的真知灼见。这在他的生前身后都是如此。睿智、优雅、出乎意料：这些都是王尔德的精髓。而诚如博尔赫斯所言，王尔德还吸引我们的一点是，他所说的几乎总是正确的。

在奥斯卡·王尔德成为奥斯卡·王尔德的过程中，父母的促进作用不容忽视。他出生于一个著名的知识分子家庭，也是一个颇为古怪的家庭。父亲威廉·王尔德爵士创办了爱尔兰第一家眼耳科医院，其专业水准超越前人。他还亲自鉴定爱尔兰考古遗迹，鉴赏爱尔兰民间故事。经他分类编目的文物现存放于爱尔兰国家博物馆，由他收集整理的爱尔兰传说和民间故事幸免于失传。在这些功绩和荣誉之外，他还另有“遗产”：像某位王室浪子一样，婚前留下了三个私生子。孩子母亲的身份一直不为人所知。奥斯卡·王尔德认识这些异母兄弟，他作品中经常写到弃儿和身世神秘的人，也许就与此有关。关于王尔德一家人的生活，没有什么事情是在意料之中的。

14 王尔德的母亲写过一些情感炽烈的诗歌支持爱尔兰民族独立运动，早已与她持统一派政见的娘家断绝来往。她本名简，但使用笔名斯珀兰扎（Speranza），这纯粹出于不无夸张的幻想：她的娘家埃尔基家族与著名诗人但丁的阿利格耶里家族有亲缘关系。她写信给美国诗人、但丁《神曲》英译者朗费罗时，署名弗朗西斯卡·斯珀兰扎·王尔德。后来她的民族主义情绪不再如此激烈，一些诗作再版时也不愿再看校样，她说："曾经灼热的灰烬我无法踏足。"但她招摇依旧。在都柏林她主持的沙龙里，以及后来在伦敦的沙龙里，她总是身穿奇装异服，戴着隆重的头饰和珠宝，谈吐华丽，滔滔不绝。她儿子后来发表高论说："没有言过其实就没有爱，而没有爱就没有理解。"这无疑是为她，也是为王尔德自己的刻意修辞辩护。她搬到伦敦后曾被问及诗歌创作，叹息道："我吟咏的长袍拖在伦敦的泥淖了。"有人请她接待一位"可敬的"年轻女士，她如此作答："在这幢房子里你千万不可这样措辞。只有小商贩才是可敬的。"奥斯卡·王尔德一直记得这句话，在《认真的重要》一剧中，布雷克耐尔夫人问道："这位普丽斯姆小姐是不是一个面目可憎、跟教书有那么一点儿关系的女人啊？"卡农·蔡秀白尔愤愤地回答道："她可是一个最有教养、最可敬的女士。”“显然就是这个人了。”布雷克耐尔夫人说道。奥斯卡·王尔德曾经说过他和母亲决定成立一个德行查禁协会，这在某种程度上说明母子俩心有灵犀，都有这个想法。数学家威廉·汉密尔顿爵士曾带着王尔德夫人参观他在都柏林的豪宅，王尔德夫人说：“我希望这里常有幽魂出没。”爵士听了乐不可支。在一个更严肃的场合，威廉·王尔德爵士被控和一名女病人有不正当性关系。当王尔德夫人被问及为何对女病人的指控置之不理时，她庄严地答道：“我对此事毫无兴趣。”

有如此自命不凡的父母，儿子也自命不凡就毫不奇怪了。 15
王尔德幼时在家接受私人教育，九岁时才被送到都柏林恩尼斯基伦的波尔托拉皇家学校，一直待到十六岁。他后来对这七年闭口不谈，只承认在波尔托拉待了“大约一年”。他肯定跟《理想丈夫》一剧中谢弗利太太的感受相似：“我早把学校生活忘到脑后了，我模模糊糊记得学校的生活很令人讨厌。”尽管讨厌，但波尔托拉使他获得了拉丁文和希腊文教育，并且将他跟其他新教徒男生一样送进了都柏林的三一学院。在三一学院，王尔德得到两位势同水火的权威马哈菲教授和提勒尔教授的指点，古典学成绩尤为出色。但两年半后，他突然中断学业，转而参加牛津大学莫德林学院的半津贴奖学金考试，并顺利通过。据说马哈菲教授这样对他说：“奥斯卡，要留在这儿，你还是不够聪明。快点去牛津吧。”

就这样，王尔德于1874年10月从都柏林来到了这所英国历史最为悠久的大学。他在牛津四年，修了古典人文学科课程，之后又学习了古代历史、哲学和文学。初来时是混沌的二十岁孩子，离开时已是学有所成的二十四岁青年。他在笔记本里写道："我从未播下野燕麦，我种了几株兰花。"花卉的隐喻植根甚深。

对于爱尔兰人来说，牛津对他们头脑的影响即如同巴黎对他们身体的影响。王尔德和其他人一样欣然接受这个传说甚广的类比。牛津大学对汇聚于此的精英学子既体贴又严格，待他们进入社会，则永远被视为睿智、聪慧，或许也平凡，却是牛津水准的平凡。学生们爱戴这位杰出的母亲，又对她能决定自己人生的巨大威力心怀敬畏。

16 王尔德没有理由把自己看作巴尔扎克《幻灭》中的吕西安·德·吕本布雷，从外省来到首都，在牛津找到那个伟大的世界。都柏林也不是小地方斯基伯林。他已经认识很多英国人——他母亲每周六下午的沙龙里经常有英国画家和演员出席，而且他的姓就是英国姓。不少亲戚，以及亨利·邦伯里（Henry Bunbury）这样的朋友也都住在英国。亨利·邦伯里完全没有察觉自己的名字被《认真的重要》一剧中的阿尔杰农借去，成全了他的阴谋诡计。王尔德曾陪同父亲考察史前巨石和古冢，牛津的古迹自然不会令他震惊。但用德莱顿的话来说，牛津仍然是雅典，而其他地方都是底比斯。王尔德说牛津是“英国最美的景点”。亨利·詹姆斯在王尔德来牛津前一年到访，他评价“牛津的独特气氛，热爱智性事物的自由气氛，由一种本身即满足理性的机制来确保”。王尔德则更为动情，他说牛津岁月是其一生中“最绚烂如花的日子”。

不过，怀旧是一回事，伊顿公学、哈罗公学、温切斯特学院校友及早期托利党人的学生世界又是另一回事了。王尔德在写作中展现出的非凡高雅令他自此成为年轻人羡慕的对象。但进入牛津伊始，他却拙于交际。他进入牛津前那个夏天结识了贝利奥尔学院（Balliol）的考特尼·博德利[1]，这位朋友描绘了王尔德刚开始读本科时的模样，虽然恶毒但恐怕很准确。据博德利描述，王尔德第一次在餐厅用餐，身边恰好坐着一个其他学院的学生——一个三年级的运动健将，显然谁也不敢轻视。王尔德侃侃而谈，自觉已然讨得他欢心，一吃完饭就忙不迭向对方呈上印着姓名、学院的新名片。按照猜不透的牛津规矩，这样做显然不合适。他被当场拒绝，毫无疑问还遭到过几次同样 19

[1] John Edward Courtenay Bodley（1853—1925），曼宁主教的朋友，祖上是牛津大学图书馆的重建人 Thomas Bodley。

的失利，于是他下定决心要超过而不是落后于英国人。他的都柏林口音消失，一口英语庄重清晰，其遣词造句之讲究，后来令叶芝和其他爱尔兰人惊讶。他对正式着装兴趣浓厚，甚至对一个朋友说："如果我只身流落荒岛，但衣物还在，那我每天晚上都会盛装用餐。"（他不想想谁给他做饭。）白天，他把都柏林的衣服搁在一边，穿上粗花呢上装，格子比朋友们衣服上的格子更大，系着蓝色领带，竖起衣领，斜戴着卷檐帽，看上去比朋友们更加活泼帅气。他在牛津大街斯皮尔斯理发店将一头浓密的棕发恰到好处地剪短。这仅仅是他衣着革命的第一阶段；数年后革命继续，将变得更加讲究，包括被裁成大提琴形状的上装和类似的浮夸装饰。

外表和谈吐迅速使王尔德成为瞩目焦点。他因此激怒了那些仇恨炫耀的人，但同时也让朋友们愉悦，因为他们从他身上发现了放肆的自嘲。他和同侪相处甚欢，对高人一等的人则傲慢无礼，这样的例子比比皆是。1875 年 11 月 1 日的一份学监报告指责王尔德和其他三人居然在牛津大学图书馆克拉伦登楼里用餐，这简直是十恶不赦。学监记下了他们的名字，要求他们尽快吃完并立即向他所在的耶稣学院汇报。他们缠着他问："我们要向耶稣汇报？"惹得他最后只好气急败坏地走了。一刻钟后他杀了个回马枪，却发现他们还在，"甚至比之前还要放肆，王尔德戴着帽子旁若无人地踱步"。那顶帽子无疑就是他引以为傲的卷檐帽。学监要求他脱下来。学监提出关他们禁

牛津大学莫德林学院外街景

左起：A.F. 佩顿，C.H. 林顿（居前），C.H. 廷代尔，王尔德（戴帽者）和 J.J. 佩顿，1875 年 3 月 13 日

闭，不允许他们离开自己的学院。

王尔德似乎很喜欢对抗权威。二年级临结束他得参加神学课考试，到学监处领取考卷。学监问他：“你是参加神学考试还是替代考试？”（替代考试为非英国国教学生设立。）“噢，
《四十九条信纲》。”王尔德冷冷答道。[1] 学监说道：“王尔德先 20
生，你是说‘三十九条’吧。”“噢，真的吗？”王尔德极不耐烦地问道。（他后来谈及“二十诫”，也是故意说错数字，以表示不信。）那场考试的考官是 W. H. 斯普纳，后来成了牛津大学新学院院长。斯普纳责备王尔德迟到；王尔德漫不经心地回答：“您得原谅我。我从未参加过这种只需及格的考试。”言下之意，他从不关注那些只分及格与不及格的考试。斯普纳本人担任圣职，而且是坎特伯雷大主教的侄子。他训斥了王尔德，要他抄写希腊文《使徒行传》第 26 章。过了一会儿，斯普纳看到王尔德抄得认真，就动了恻隐之心：“你抄得够多了。”但王尔德并不停笔。斯普纳问道：“王尔德先生，你没有听到我叫你不用再抄了吗？”“噢，是的，我听到了，”王尔德回答道，“但我对正在抄写的内容太感兴趣，停不下来了。说的是一个名叫保罗的男人，在海上时遇到一场可怕的风暴，我担心他可能会葬身海底。但是，斯普纳先生，您知

---

[1] 王尔德故意说错。《三十九条信纲》（The Thirty Nine Articles）是英国国教会的信仰纲要。

道吗？他得救了。我发现他得救了，就想来告诉您。”这故事还有一个版本，是说斯普纳要王尔德解释希腊文《马太福音》里的诗文，其中记述犹大为了三十块银钱出卖了救世主。王尔德解释了几篇，斯普纳便打断他说：“很好，这样就行了，王尔德先生。”“嘘，嘘，”王尔德竖起一根手指示意道，“让我们继续，看看这个不幸的人身上到底发生了什么。”很难在传奇中做出选择，但显然王尔德已经在创造自己的传奇。而考官显然也并没有觉得有趣。“我当然是没有及格。”王尔德告诉一个朋友。他不得不补考。

还有一次，维多利亚女王的小儿子利奥波德莅临莫德林学院，恰好这天轮到王尔德在学院小教堂里朗读《圣经》。王尔德翻着书页，懒洋洋地读着《雅歌》。学监从座位上冲下来，胡子几乎戳到了王尔德的脸，说道：“王尔德先生，你读错了。应该读《申命记》第 16 章。”在以后的岁月里，王尔德一直记
23 得他总是带着怀疑读经，而且也总是因为“读经时态度轻浮”而被责备。

1877 年 11 月，王尔德因为拖欠商店的两笔债务而被押上校长会议，却还是一样的不肯低头。一笔债务他被罚一英镑，另一笔数额更大，被罚三英镑。他为此致信校长，抗议更大的那笔罚款“过于高昂，近乎敲诈”，并称“校长会议的执行机制亟待大学委员会审查”。校长会议有史以来恐怕从来没有一个本科生胆敢指责其腐败。

王尔德与他莫德林学院的友人雷金纳德·哈丁和威廉·沃德，1876 年 3 月 12 日

沃尔特·佩特，西米恩·所罗门 绘，1872 年

然而，王尔德在1876年大二结束时的第一次公共考试中表现不俗。他肯定偷偷用了点功，因为他拿到了优等成绩。能够展现才华，他很得意，但又渴望表现得更为卓越。为此他知道必须搞定牛津摆在他面前的智识宇宙。王尔德心目中最重要，也是他最想见到的两位牛津人物是约翰·罗斯金和沃尔特·佩特。对于一个具有艺术趣味的本科生而言，这两位必定是关注的中心。时年五十五岁的罗斯金是受人景仰的斯莱德艺术教授（Slade Professor of Fine Art）；三十五岁的佩特执教于布雷齐诺斯学院，曾希望继承罗斯金的衣钵但没有成功。王尔德不可能未卜先知两人如何对立：作为罗斯金的昔日弟子，佩特不点名地提出与导师观点的分歧；而罗斯金则傲慢地对佩特挑战自己的企图完全不放在心上。

王尔德一直要到大三那年才见到佩特本人，但他进入牛
津的第一个学期就被佩特几个月前出版的《文艺复兴史研究》
迷住了。他始终称它是“我的宝书”，后来在雷丁监狱里写下
的《从深处》中，他说“这本书对我的一生都产生了如此奇 24
特的影响”。他对这本书的大部分内容，尤其是著名的结尾部
分，都烂熟于心。佩特认为，既然生命不过是瞬息行为的流
动，那么我们就必须充分利用生命的每一刻，我们的目的不
在于追求“经验之果，而是经验本身”。在《道连·葛雷的画

像》里，道连没有致谢就将这一信条据为己有，仿佛将剽窃也加入了他的罪行。生命的胜利总是“炽烈燃烧，闪耀着宝石般的（gemlike）光焰”，佩特如是说。王尔德则把“火焰般的”（flamelike）作为最喜欢的形容词。我们可以不同方式燃烧，以激情燃烧（佩特对此极为赞成），以政治或宗教热情——或者他所谓的人类宗教——燃烧，而最好的方式是以艺术燃烧。尽可能完美地展现所有感情，是一种对王尔德深具吸引力的理想，尽管他让亨利·沃登勋爵怀着明显恶意向道连·葛雷灌输佩特的这一思想时有所保留。

罗斯金用另一种方法唤起英国人的艺术自觉，其中道德起了主要作用。忠于自然而避免耽于声色之乐，艺术家就能显现其操守。“唯美”（aesthetic）一词成为罗斯金和佩特两派弟子的争论焦点。尽管罗斯金经常把“唯美”用作褒义词，指艺术鉴赏的不同方面，但如果该词被用来为无视道德的艺术正名，他就会暴跳如雷。早在 1846 年，他就指斥唯美是把艺术贬为娱乐的托词，是“给精神瞌睡呵痒、鼓风”。但是佩特却在 1868 年称赞拉斐尔前派为“诗歌的唯美派”。1883 年，罗斯金在回应佩特及其追随者时称，越来越多的人习惯将唯美贬低为“泔脚猪料”，这是提出了一种“道德缺陷”。他的艺术批评总是回溯到崇尚信仰与哥特风格的中世纪，同时他也认为文艺复兴越是繁荣，也就越是颓废。王尔德在《从深处》里接受了这个观点。但他读到的佩特却完全不同：佩特认为中世纪的价值仅仅在于它是文艺复兴的前奏，而文艺复兴的辉煌仍在继续。至于颓废，佩特不回避地称其为“优雅合宜的颓废”。

王尔德明白在他面前的不仅是两种完全不同的信条，甚 25
至是两套完全不同的词汇。尽管罗斯金和佩特都崇尚美，但罗斯金认为美必须和善结合。佩特则认为美也许始终含着些许邪恶——比如他很喜欢博尔吉亚家族（the Borgias）。罗斯金谈论信仰；佩特却谈论神秘主义，仿佛对他来说，宗教只有超出限度才让人能够容忍。罗斯金诉诸良知，佩特却诉诸想象。罗斯金呼唤自律与节制，佩特却容许愉悦的偏移。罗斯金所憎恶的邪恶恰是佩特所珍爱的任性。

王尔德既关心自己的灵魂也关心自己的身体，无论受到佩特多么大的诱惑，仍然以罗斯金为精神向导。1874 年，他跑去听罗斯金关于佛罗伦萨艺术的系列讲座。罗斯金往往会在讲述一幅画时突然停下来，给听众一些建议，比如一有机会就要恋爱。他提醒听众，前一年春天他就建议与其做无聊的运动锻炼身体，比如“在河里无谓地劈打”，学习“跳跃划船，用板击球”，还不如跟他一起去改善乡间环境。北新克塞除了瘴气浓重的沼泽地外什么都没有，他们应该帮助他修建一条鲜花铺就的乡间道路。建造哥特式大教堂才是道义之举，而不是那些自我陶醉的体育活动。

尽管王尔德比大多数人更难以做到黎明即起——他母亲

直到下午才会起身，但他却因为罗斯金而战胜了慵懒。他后来开玩笑吹嘘说，他享受了礼遇：允许他装满“罗斯金先生那辆特别的手推车”，并由大师亲自告诉他用手推车把东西送到各处的奥秘。当时那条乡间道路尚在修建，挖掘工作已在上一年春天完成。那算不上是一条路，但对于王尔德而言，却是走近罗斯金的路。罗斯金常常邀请汗流浃背的工人干完活后一起吃饭。这项工程一直持续到学期结束，随后罗斯金去了威尼斯。王尔德因此又可以赖床晚起，而路渐渐消失，现在已经完全不见踪影。

26 他和罗斯金的友谊令人满意而富有教益。他后来曾致信罗斯金：“牛津岁月留给我最美好的记忆就是与您一起散步交谈，从您那里我学到的唯有善。”他刚进入牛津大学时似乎有意学习罗斯金。罗斯金说过：“在帕丁顿火车站我感觉到了地狱。”身为弟子的王尔德则告诉朋友们说，所有工厂的烟囱和粗俗的车间都应该拆除，搬去某个偏僻荒岛。他慷慨宣告：“我将把曼彻斯特归还给牧羊人，将里兹归还给牧场主。”多亏罗斯金，王尔德才没有陷入佩特所激赏的个人唯美主义。他一开始就像罗斯金那样，认为艺术对社会进步起了作用。

入读牛津之时，唯美主义对王尔德而言就已经再熟悉不过，甚至几乎是陈词滥调了。在三一学院时他就已经被嘲笑是一个愤愤不平的唯美主义者。他哥哥威利曾向一个本科生社团——奥斯卡·王尔德也是该社团成员——宣读过一篇讨论“唯美主义道德观”的论文。母亲王尔德夫人翻译过一部冗长的德语小说，小说刻画了一群唯美主义者的狂妄和失败。事实上，唯美主义一词在十九世纪七十年代就如同今天的后结构主义一词一样具有争议。在1875年的一封信里，王尔德讥讽某个同学是“唯美的”年轻人，而他自己的文学趣味往往并非唯美，而且相当严肃，比如他和罗斯金一样，对勃朗宁夫人的长诗《奥罗拉·利》赞赏有加。在牛津大学读大二时，王尔德饶有兴趣地阅读了W. H. 马洛克在《新理想国》（*The New Republic*）中对唯美主义的抨击，尤其是佩特所主张的唯美主义。他看出唯美主义正在没落，就像当年逐渐兴盛；尽管他吸收了唯美主义的很多趣味，比如色调和质感，但他这样做往往带着他母亲的那种盎然兴致，一旦过度，便会取笑自己的过度。他正是带着这种口吻，说了那句名言：“我发现要配得上我的蓝色瓷器可越来越难了。”四年后，《笨拙》杂志选定这句话来攻击唯美主义，但王尔德说这句话的时候显然带着某种自嘲。毕竟，要配得上自己的蓝色瓷器，听上去并没有那么荒谬——我们从小摆设那儿的确能学到很多东西。

他在牛津大学期间所写的书信中，对唯美主义的议论要少 28
于对罗马天主教的议论。王尔德知道在他认识罗斯金之前，罗斯金在意大利阿西西一个修道院的小房间里度过了整个夏天。佩特

约翰·罗斯金，J.A.奥尼尔 版画

也曾去罗马天主教教堂，观看仪式和各种装饰，并在小说《享乐主义者马利乌斯》（*Marius the Epicurean*）中赞美教堂“美的魅力”。不过，对王尔德更具诱惑的既不是罗斯金也不是佩特，而是天主教。两年半里，他一直想跻身牛津著名天主教徒的行列，和曼宁、纽曼以及皈依不久的杰勒德·曼利·霍普金斯齐名。[1]在莫德林学院他认识了一位年轻人，让他感到此事的重要。

这位年轻人叫大卫·亨特·布莱尔，出生于苏格兰一个贵族家庭，后来成了本笃会修道院院长。1875 年冬季学期，他获准去莱比锡大学学习音乐，又从莱比锡到罗马，正好赶上 1875 年 3 月 15 日任命曼宁为红衣主教的仪式。十天后亨特·布莱尔本人也入了天主教。教皇庇护九世特别看重他的皈依，任命他为教皇名誉侍从。亨特·布莱尔一回到牛津就开始催促王尔德和其他人随他一起加入天主教会。莫德林学院有几个学生就入了教。但王尔德说，如果他迈出这一步，他父亲就会跟他断绝关系。不过他也有所行动，到 1875 年 6 月，他的房间里已经挂满了教皇和红衣主教曼宁的照片。

次年夏天王尔德第一次出游意大利，和他在三一学院的老师约翰·马哈菲教授一道。他开始写诗，主题是对宗教生活

---

[1] 上述三位分别是：Henry Edward Manning（1808—1892），英国圣公会牧师，牛津运动主要教士之一；John Henry Newman（1801—1890），思想家，英国圣公会内部牛津运动领袖；Gerard Manley Hopkins（1844—1889），诗人。

和世俗生活的双重渴望。其中一首题为《圣·米尼亚托》(San Miniato), 赞颂了安吉利科[1], 但诗中的安吉利科被夜莺围绕, 世俗的诱惑显而易见; 最后他乞求圣母马利亚在“酷热的太阳 / 向世人暴露我的罪恶与羞耻”之前宽恕他。这首诗发表时, 作
29 为职业诗人的母亲反驳说:“罪恶是令人尊敬且充满诗意的, 但羞耻不是。”但王尔德这一句是从更为职业的诗人丁尼生那儿(《悼念》第 48 首)借用的。

1875 年秋天回到牛津后, 王尔德仍然磨蹭着没有入天主教。11 月 23 日那天红衣主教曼宁前来为圣贾尔斯的圣阿洛伊修斯教堂主持落成仪式, 这是自宗教改革以来牛津建成的第一座天主教堂。红衣主教怒斥牛津大学宗教精神冷漠、堕落, 现场听众中出现了王尔德的名字, 他称曼宁为“我最喜欢的传教士”。同年 12 月他去巴利奥尔看望朋友博德利, 告诉朋友说他“正在天主教和……无神论之间摇摆不定”。博德利尖刻地提醒他说, 多一个爱尔兰天主教徒撼动不了世界。王尔德继续摇摆不定。“我认为自基督之后, 死寂的世界已经从睡梦中醒来。”他在给朋友的信中写道。第二年夏天, 他回爱尔兰时随身携带了纽曼的几本书, 尽管他对纽曼怀有一些疑问, 后来还说纽曼是“一颗忧虑不安的灵魂, 正从黑暗走向黑暗”。

---

[1] Fra Angelico, 意大利文艺复兴早期佛罗伦萨画派的著名画家、多明我会修士, 作品主要为祭坛画和教堂壁画。

在天主教和无神论之间摇摆不定之际，王尔德一度接受了另一信仰或者说准信仰——共济会思想。王尔德在牛津第一年，博德利就动员他加入共济会阿波罗分会（Apollo Lodge of the Freemasons）。这在当时很入时，因为在基督教堂学院的维多利亚女王之子利奥波德就是会长。开始时王尔德满不在乎地认为共济会只是个社交俱乐部，但渐渐地，他越来越投入。在修完最初的学位课程后，他就得决定如何继续，是像他的朋友博德利那样进入阿波罗皇家门分会（Apollo Royal Arch Chapter），还是做一个更与众不同的选择，进入阿波罗玫瑰十字分会。不同之处在于玫瑰十字分会属于高教会派，有直接展现基督死亡与重生过程的仪式，以及领受圣餐仪式。王尔德决定在1876年11月27日，也就是他进入牛津第三年，正式加入阿波罗玫瑰十字分会。他在1877年3月3日的致友人信中写道："我近来对共济会很感兴趣，简直太相信了（believe in it awfully）。"说"太"不乏自嘲况味。他接着写道："实际上，万一我脱离新教异端，就只好放弃它的话，肯定会感到太遗憾。"出于传
教的热情，他又动员四名莫德林学院的学生入会。但在同一封 30
信中他却表明自己有许多不同喜好：

我现在经常和帕金森神父一起吃早餐，去圣阿洛伊修斯做礼拜，和邓洛普（由亨特·布莱尔介绍入教）讨论伤感宗教，完全陷入了捕鸟人的罗网、

“红衣荡妇”（Scarlet Woman，指罗马天主教）的诱惑——也许我会在假期中入教。我梦见去拜谒纽曼，在一座新教堂里接受圣餐，然后灵魂充满和平与安宁。但毋庸讳言，我又每分每秒都在改变，变得越来越软弱、越来越自欺欺人。

如果我能够希望天主教会会在我心中唤起某种热诚和纯洁，我就会入教，并视之为一种奢侈，即便没有更好的理由。但我觉得这很难做到，而且皈依罗马意味着牺牲和放弃我两位伟大的神祇——金钱和野心。

而我如此苦恼不安，以至会在绝望之际向教会寻求庇护，因为我已被它的魔力深深吸引。

刚写完这封信，他就被亨特·布莱尔说服了前往罗马。王尔德没有钱，不过亨特·布莱尔很有钱，他答应途中去见在蒙特卡洛逗留的父母，在王尔德名下的数字上再加两英镑。不久六十英镑到账，貌似是亨特·布莱尔的战利品。看来王尔德是非去不可了。他在给朋友的信中说：“这是我人生中的重大事件，紧要关头。”不过，为了让自己有资格接受这笔赠与，他决定与前往希腊的马哈菲教授和另外两个年轻人结伴同行，直到热那亚。途中，笃信新教的马哈菲教授试图改变王尔德前往罗

身着希腊传统服饰的王尔德，希腊，1877 年 3 月

卡狄亚的安提诺乌斯[1]和打着绑腿的伽倪墨得斯[2]”。

尽管王尔德本人没有卷入哈丁事件，但他已经开始对同性恋显示出与对宗教皈依相似的兴趣。一个不大友好的证人安德烈·拉法洛维奇说王尔德曾经吹嘘，他谈论同性恋话题就能得到别人进行同性恋行为所得到的快感。1876 年，哈丁被迫退学后的那年夏天，王尔德发现另一名牛津大学学生托德和一个唱诗班男孩一道坐在都柏林剧院的包厢里。他将此事透露给了莫德林学院的一位朋友，但又加了一句：“乖乖的，别把此事说出去，这对我们和托德都没有什么好处。”这一次他表现得很谨慎，但他又很不谨慎地和雕塑家罗纳德·高尔勋爵结为好友，这位勋爵实际上是个同性恋，不过他人脉很广，没有被发现。而就在同一年，王尔德致信奥斯卡·勃朗宁，此人因为据说和一名优秀学生关系过密而被开除伊顿公学教职。王尔德希望跟他见面，因为“我听说你受到诋毁，所以我确信你必然极为出色”。

王尔德在冒险。次年 1877 年，他发表了第一篇散文作品，是为伦敦格罗夫纳美术馆开馆而写的评论。这篇文章重点讨论了绘画中的少年，其中一些句子流露了心迹：“人们发现希腊诸岛上的少年和柏拉图对话录中的查米德斯一样优美。热那亚红宫中圭多·雷尼画笔下的圣塞巴斯蒂安就是一例，佩鲁吉诺

---

[1] Arcadian Antinous，罗马皇帝哈德良宠爱的娈童。

[2] Ganymede，希腊神话中的侍酒俊童。

也曾为出生的城市画过一幅古希腊美少年伽倪墨得斯像，但是
最能体现这一题材影响力的画家是柯勒乔，无论是帕尔马大
教堂《圣母升天图》中的持百合花者，还是圣若望堂《圣母
加冕》中睁圆眼睛张大嘴巴的圣约翰，都是绘画中表现青春
活力的少年之美的最佳范例。”王尔德确信佩特会喜欢这篇文 34
章，就寄给了他，果然很快收到邀请，与佩特见了第一面。同
年出现了一本未具名的小册子《牛津大学中的少年爱慕》（*Boy
Worship at Oxford*），反映了王尔德与佩特的共同倾向。

然而，正如王尔德在互为仇敌的共济会思想和天主教信仰之间徘徊，他似乎在既坚持异性恋的同时又确凿无疑地走向另一个方向。也许正是在牛津大学发生的一件事情，改变了他的一生。亚瑟·兰瑟姆在1911年出版[1]的《王尔德评传》中披露，根据罗伯特·罗斯提供的信息，王尔德患有梅毒，1900年导致他死亡的耳部感染也与梅毒引起的全身性麻痹有关。陪伴王尔德走完最后岁月的雷吉·特纳也写到此事，还补充说，负责给王尔德看病的医生就是如此诊断的。据王尔德身边的人说，他是在牛津就读时从一个妓女那里染上梅毒的。大四那年三月，他得了一场神秘的病，也许就是梅毒的开端，据说他按照医嘱——也是当时的习惯做法，用水银治疗。在《斯芬克司》一诗（罗斯认为此诗写作始于牛津就学期间）中有两行：“有谁

---

[1] 兰瑟姆的《王尔德评传》出版于1912年。

比身患麻风的我更受诅咒，更加苍白？”这里的典故源自《圣经·旧约·列王纪》，亚兰王元帅乃缦得了麻风病，向先知以利沙问诊。（王尔德对这个人物一直兴趣不减，给《莎乐美》中的刽子手也起名乃缦。）这完全可能就是梅毒发病之时，一个月后，也就是1878年4月，他去伦敦布朗普顿礼拜堂找当值神父塞巴斯蒂安·鲍登。在会面过程中，他很可能希望涤除自己的罪过，因为鲍登神父在一封保存至今的信中写道：“让我郑重地重申我昨天的话，你像其他所有人一样禀性邪恶，而你由于精神和道德的恶劣影响，以及毋庸置疑的罪过，尤其堕落。所以你说话不切合实际且充满怀疑，对一切都不抱信仰，生活也毫无目标。”“毋庸置疑的罪过”听上去更像是指异性之间的恶行，而不是当时所谓的性变态。鲍登神父在信末邀请王尔德重返布
35 朗普顿礼拜堂，接受天主教信仰：“我相信你星期四会来这里跟我再谈一次话；你会确信我要敦促你做的也正是你自己想做的事。同时希望你多祈祷少说话。”他了解向他求助的人。

最后王尔德到了必须作出决定的时刻。尽管鲍登的信已经能够看到，但王尔德的回应却一直不为人知。不过鲍登神父把之后发生的事情告诉了皈依天主教的安德烈·拉法洛维奇。就在那个王尔德本应加入天主教的星期四，到达布朗普顿礼拜堂的并非王尔德本人，而是一个大包裹。打开发现是一束百合花。王尔德以此礼貌地拒绝入教。他后来说道连·葛雷的那番话正可谓夫子自道：“一度纷纷传说他［道连］要加入罗马天主教会。的确，

罗马天主教的仪式对他一直有很大的吸引力……但是，如果正式皈依某种信仰或体系，或者错将只堪在难见星月天光之夜借宿一宵乃至度过几个小时的逆旅当作定居的家园，那就会阻碍他的智力发展；他永远不会陷入这样的错误……他认为，任何关于生活的理论同生活本身相比，都微不足道。”[1] 王尔德显然已经决定接受水银而不是宗教来治疗他那个可怕的疾病。

现在我们开始认识到王尔德在牛津如何完成觉醒。起先罗
斯金激发了他的良知，佩特则激发了他的感性；两位杰出人物
的影响又逐渐融入更为复杂的天主教信仰、共济会思想、唯美
主义和各种不同行为的混合之中，王尔德对所有这些的接纳都
热烈却又短暂。从他的来往信件中可以看到，他先是试图解决
内心的矛盾，痛斥自己软弱无能、自欺欺人。但在牛津就读期
间，他逐渐发现这些矛盾与其说是反复无常的心性，不如说是
他的力量之源。在一个如他所说“蠢材和教条者”被信仰的重
大决定所束缚的世界里，他拒绝就范。他在《面具的真实》中 36
写道：“艺术的真实就是其矛盾之处也是真实。”这是他沉浸于
各种运动而得到的体悟，首先是关于艺术，其次是关于生活。
他既不会皈依天主教，也不会加入共济会；这一刻他信奉唯美

[1] 译文引自上海译文出版社 2011 年版《道连·葛雷的画像》（荣如德译）。

（aesthetic），下一刻他又成了毫无知觉（anaesthetic）。这一结论正吻合他也许是不由自主的本能行为——在女性之爱和男性之爱之间摇摆不定。

最后的结果是，王尔德的作品是从信条之间的争论中创作产生，而非来自信条。在第一部诗集开篇的《唉！》（Hélas!）一诗中，他表示自己在纵情愉悦之时一直没有放弃苦行般的自制，生活的高度和深度依然吸引着他。在他的第一部剧作《民意党人维拉》（*Vera*）中，女主人公本来计划刺杀沙皇伊万，但最后却救了他的命，仿佛她突然间意识到内心自相矛盾的冲动，毅然决定不再抵制它。王尔德写了一首关于政治革命者的十四行诗，在前八句中贬低他们，却在后六行的最后笔锋突然一转："上帝明鉴，在有些方面，我和他们站在一起。"《道连·葛雷的画像》是对唯美主义的评论，正是它将道连引向毁灭；但读者已被道连的美征服，他对于美的挥霍令读者遗憾，而不是恐惧，所以他拥有的是浮士德般的魅力，而与谋杀和吸毒的邪恶无涉。王尔德觉得这本书的道德意味太重，便加了一篇序言，不无赞同地阐述了唯美主义的部分宗旨，而小说正是据此展现道连的堕落。在《莎乐美》中，王尔德让希律王先是观赏莎乐美跳"七条纱巾"之舞，沉迷于感官享受；然后见到莎乐美亲吻乔卡南尸体的嘴唇，而陷于惊恐的嫉妒无法自拔；最后在震怒的良心驱使下，命令卫兵杀死了莎乐美。温德米尔夫人无奈地发现，尽管她信奉清教主义，却也像其他人一样会做出完全违背原则的事情。在《理想丈夫》中，奇尔顿夫人不得不承认，理想的丈夫很可能隐瞒了真正的秘密。在《认真的重要》里，王尔德让一本正经的杰克变成油嘴滑舌的“任真”，这也许会被认为是在戏仿自己寻找矛盾的倾向。王尔德在《供年轻人使用的至理名言》一文中断言：“智者自相矛盾。”在写 37
于狱中的《从深处》里，他视自己为悔罪者，但以此为幌子又变成殉道者，将获释、重生并被赦免。在最后的作品《雷丁监狱之歌》中，主人公用刀片划开了妻子的喉咙，王尔德出乎意料地向虚伪的读者宣布，我们都谋杀了自己的至爱。

这一真相与我们准备承认的大实话迥不相谋，而同样言之有理；王尔德出乎意料的洞见是他对所谓“观点曲解”（violence of opinion）的回应，在他看来，这种“观点曲解”在大多数同时代人身上都有表现。他将这种超然追溯到牛津，说自己在那儿学会了“牛津脾气”，而实际上那是他自己的脾气。在离开大学之时，他就已经明白生活的复杂性无法轻易编成三十九或四十九条信纲，十诫或二十诫，判给这个人或那个信条的优缺点。王尔德是一位道德家，布莱克、尼采，甚至弗洛伊德都是他的同道。生活的目的不是去简化它。因为我们内心彼此矛盾的冲动同时发生，我们压抑住的情感和表达出的情感激烈冲撞，我们确凿的观点显露出意想不到的分歧，于是我们都是隐秘的剧作家，无论我们是否将生活的复杂性搬上舞台。以此而言，王尔德的作品成为一种自我批评，成为对容忍的呼吁。

威廉·巴特勒·叶芝，1932 年

威廉·巴特勒·叶芝的第二个青春期

说威廉·巴特勒·叶芝晚年进入第二个青春期的，不是 39
我，而是他本人。他用这个词来表达自己重新焕发的性活力，尽管他认为那也是心理上的康复。五十二岁结婚后不久，他在一首诗里写道：“我有任何诗人有过的健康肉身”（《欧文·阿赫恩及其舞者》），但是当他快六十八岁时情况不同了。1934年，他跟朋友抱怨说他的性能力已衰退。这位朋友半开玩笑半认真地说，奥地利生理学家尤金·施泰纳赫在1918年发明了回春术。回春术在1920年代颇为流行。比如，在维也纳，有一百位教师和大学教授申请手术，包括1923年申请的弗洛伊德（尽管他不是为了性的原因）。叶芝立即去图书馆找到了唯一一本相关英文书：《回春术》（1924年出版），作者是伦敦一位叫诺曼·海尔的医生。海尔自称已经做过二十五次回春手术，结果总的说来还是不错的。一次手术只需十五分钟。不会使用猴子的腺体。这个手术其实就是我们现在所说的输精管结扎术：医生切开输精管，取出其中一段，然后两端分别结扎好。根据遗憾已不再流行的施泰纳赫理论，手术后雄性荷尔蒙将增加，从而激活整个身体功能。

40 诺曼·海尔是伦敦性学界众所周知的人物。叶芝去找他咨询，跟他说——这是时隔十二年后海尔写信告诉我的——“大约有三年之久……他灵感全无，写不出任何新作品。他仔细读过自己诗作的各个版本，从中选择喜欢的篇什。”为了挽救自己的诗艺和性能力，叶芝认为必须手术。（他还提到要改善血压。）在他看来作诗和做爱总是彼此关联。不能做这一件就意味着也不能做另一件。在后来的一首诗里叶芝宣称他写诗的动力从来就是欲望和愤怒，也就是《拜占庭》中所说的“人类血脉的怒气和淤泥”。令其意象栩栩如生的，如他在剧作《大钟楼之王》（*The King of the Great Clock Tower*）的一首歌中所说，是“英雄的放荡”。

1934 年 4 月的第一个星期，海尔为这位著名的病人做了手术。手术成功吗？叶芝认为成功，并鼓励另一位朋友——诗人斯特奇·莫尔两年后也去做了手术。就身体而言，手术不可能有多少效果，因为诺曼·海尔告诉我（叶芝准许他谈论此事），叶芝的一位女友证实手术对他的性功能没有起到任何作用（作为叶芝的传记作者之一，希望我的好奇心是合法的）。海尔说叶芝无法勃起。但是据叶芝夫人在他去世八年后告诉我的，手术对他的心理作用无法估量。据海尔回忆，叶芝在手术后来信说，“他写了一些新诗，在他所敬重的一些人看来，这些新作达到了他的最高水准。”这些诗收入诗剧《三月里的满月》。

手术令叶芝的朋友们大为担忧。弗兰克·奥康纳形容这就像是把凯迪拉克的发动机装在一辆福特车上。叶芝认为手术对身体造成更多压力。1935 年 6 月 17 日他致信惠灵顿公爵夫人多萝西·韦尔斯利（这封信并未出现在他们发表的书信集中），写道：“我发现，手术带来的这个奇怪的第二春，我想象力所出现的狂躁，使我目前的虚弱雪上加霜。如果我能继续写诗，那它们将和我以前写的截然不同。”我们知道他在筹划诗 41
集《最后的诗》，他会以“一个放荡的老坏蛋”“一个狂热的蠢货”的口吻表达他所谓“一个老头的疯狂”，一种使他能够坦率直言的疯狂。

这时的叶芝只有五年寿命了。他渴望性亲密并找到几个愿与他分享的女人，不管有多少局限，但他始终是个写作者，性行为既有其他原因，也是“为了诗歌的缘故”。他夫人对他说（后来也对伊迪丝·沙克尔顿·希尔德说过）：“你身后人们会谈论你的风流韵事，但我什么也不会说，因为我会记得你有多自豪。”他决心让晚年成为重要的阶段。这里我想说的是，尽管有漫长一生的各种影响，叶芝的晚年依然成为一个截然不同的时期，他更为清晰、自由地处理传统主题，更加意识到终极含义。他似乎决心肆意铺张，仿佛在最大限度之上才能呈现事物的真实形状和色彩。

在《最后的诗》里，叶芝展示了多种形态的性可能。比如，两对理想的情人，古希腊神话人物珀琉斯与忒提斯，以及爱尔兰神话人物波伊拉与艾琳，复活的肉体重塑了他们古老世俗的激情。凡人也是以同样的冲动追寻并获得满足。为叶芝代言的通常是一位老人，或是渴望再度年轻、怀里搂着女孩，或是和漂亮妓女招摇过市，与老鸨闲聊，自称“黑暗里的年轻人”。当叶芝再次提及他诗歌创作中的重要人物茉德·冈时，他做了一件以前从未做过的事：他说出了她的名字。[1]她在豪斯车站等火车时，第一次暂时走出神话传说而进入现实。同样的直率也体现在措辞上。库胡林[2]的妻子被赋予一个荷马风格的绰号“大膀胱埃玛”。早些时候叶芝已经大胆提及“我两腿之间的更恶的魔鬼”(《乞丐对着乞丐喊》)，但现在，在组诗《三丛灌木》中，他甚至更直截了当地说“他那顶人的家伙”，并且描述它在性交后“疲软得像条虫”(《侍女的第二支歌》)。在
42 “疯珍妮”系列中他还庄重地写到“沤粪的土池”；在《最后的诗》里就直接成了“屁股”：

[1] 当是指叶芝《美丽而崇高的事物》(Beautiful Lofty Things)一诗中直接出现了茉德·冈的名字：“茉德·冈在豪斯车站等火车。”

[2] Cuchulain，爱尔兰民间传说中独身保卫祖国抵抗侵略者的英雄。

丑陋的羊头、兽类的手臂、
肚皮、肩膀、屁股，
闪现似鱼；众仙女与半羊怪
在那水花里交媾。[1]

叶芝在《给德尔斐神谕的消息》里如此描绘，这消遣在天堂里仍在继续，仿佛天堂也做了施泰纳赫手术，由诗人亲自操刀。

他用同样的办法给其他主题增添刺激。很久以前，他曾赞颂1916年复活节起义，纪念遇害的烈士，并宣告因为起义“一种可怕的美诞生了”。现在到了1930年代，他发现复活节起义、德·瓦勒拉——就像说出茉德·冈的名字一样，他也对德·瓦勒拉直呼其名——并没有任何值得赞颂之处。他对法西斯主义的态度也是如此。1933年，叶芝曾一度以为爱尔兰也许找到了一位更值得敬仰的领袖——蓝衫团首脑奥达菲将军[2]，但很快就开始反对他。叶芝写道：“假如上面什么都没有怎么办？”此外，一些宗教领袖和法西斯分子认为强化教会和国家

---

[1] 译文采用傅浩《叶芝诗集》，上海译文出版社，2018年12月版。译诗未经另外表明均采用傅浩先生译本，在此向傅浩先生致谢。

[2] Eoin O’Duffy（1892—1944），爱尔兰民族主义军事领袖，爱尔兰统一党保守的领导人。1930年代支持法西斯主义。1917年参加抗英活动，1933年起成为法西斯蓝衫团首脑。

的力量就能镇压暴民，为此他在给他们的一首诗里写道：

> 假如教会和国家是
> 门外吼叫的暴民怎么办！

（《教会与国家》）

他并不满足于此，又以另一首《伟大的日子》撇清了与所有政府的关系：

> 革命的欢呼，更多礼炮响起来；
> 马背上的乞丐鞭打徒步的乞丐；
> 革命的欢呼和礼炮再一次响起，
> 乞丐们换了位置，鞭打仍继续。

1920年代，他曾以伤感的语气哀悼旧秩序的丧失，现在则猛烈抨击"那时兴的从头至足／全然都不成形状的怪物"，包括贵族、中产阶级和农民。

43　施泰纳赫回春手术后生命的最后五年是叶芝文学创作力旺盛的时期。他写下一系列散文和诗歌。有四部诗剧，比以前的诗剧更加直言不讳。第一部《三月里的满月》写了一个诗人被斩首的故事。第二部《鹭鸶蛋》（*The Herne's Egg*）写的是一名女祭司被七个男人强奸的故事。在第三部《炼狱》里，一个在多年前弑父的老人现在又杀死了自己的儿子。第四部《库胡林之死》里的那位人物，叶芝曾在其他剧里多次赞颂其英雄事迹，这次却最终死于一个傻瓜之手，与其说他死得光荣不如说死得屈辱。叶芝此时正在撰写《自传》的最后部分，一改一贯的傲慢语气，而聊起了乔治·摩尔的小怪癖。他还编辑了《牛津现代诗选》，对多位同时代的诗人或赞或弹，还选了他本人特别喜欢的不知名诗人的大量作品，使这本诗选成为所有牛津选本中最具倾向性的一本。他也准备出一部自己的选集，并在前言里写道："我绝非民族主义者，除了在爱尔兰因为一时之故。"这话不免会让潜在读者惊诧，因为他是一位终生矢志不渝的民族主义者，在晚年诗作中会说"我们爱尔兰人"，会称"爱尔兰诗人"，仿佛自己就是其中一员。诗文集《在锅炉上》的题目取自斯莱戈（Sligo）一名站在轮船锅炉上慷慨陈词的木匠的回忆。在这部诗文集的第一部分，叶芝猛烈抨击现代教育，竭力支持优生学，而且总体上宣称正抛弃惯用的"行话"，而改用总是被它掩盖的狂热。没有一种说法是过于任性的：他宣布一小支爱尔兰军队"就能将各贸易国训练有素、缺乏教养的民众从我们的海岸线上击退"。叶芝夫人告诉我，在他有生之年未能完成的《在锅炉上》第二部分，他原本计划谴责所有宗教体制。

这听上去确实像是“一个放荡的老头”，但叶芝必然又是这样的作家，无论是其艺术还是读者都似乎从来没有被遗忘的危险。他晚年的主要工作之一是修订《灵视》，这是他所有作品中最为奇异的一本。这本书 1926 年初版，包含已经完成的两个部分，但其他大部分内容则还是混乱的雏形。叶芝认为必
44 须将此书提升至他晚年的水准和精神。一本名为《灵视》（*A Vision*）的书需要修订（revision），这也许显得荒谬，不过和托马斯・潘恩在《理性时代》里嘲笑的《圣经》新旧约均为上帝所作的观念相比，还不算太荒谬。叶芝在修订过程中对全书作了重新构思。

《灵视》一书发轫于 1917 年叶芝夫妇蜜月期间，叶芝夫人让丈夫尝试无意识下的自动书写，以排遣他娶非所爱的烦恼。这原本是维系婚姻的策略，不成想有了崭新的方向。《灵视》以残句提供了一套象征体系，比叶芝以往独力造就的体系更为复杂，但是并没有完全偏离他的原有概念。这启示的方式有些尴尬：它一会儿是神秘主义者，一会儿则是神秘主义者的伴侣。叶芝夫人无意作为宣示神谕的皮提亚（Pythoness）展示在世人面前，而她的丈夫也不会声称是他自己的神谕。更何况，他觉得阴森恐怖的交流者会让读者兴味索然。所以他第一次出版这本书时并没有署名或联合署名，而是保留了一层神秘面纱。1926 年版《灵视》的扉页上写的是“灵视：根据吉拉尔都斯・坎布伦西斯的著述及相传为库斯塔・本・路卡所传学说

而作的人生诠释”。毋庸多说，两位先贤无一与本书有关。不过，读者也许很难确凿无疑地知道叶芝是否在开玩笑，也不知道他为什么要如此掩饰。

在第二版中，他决定讲述成书的真实过程。叶芝夫人告诉我，这一决定引发了他们婚姻中最激烈，或许也是唯一一次严肃的争吵。她想让他直接出版此书，不做解释或准备。但叶芝显然觉得这样做就像是不先登上西奈山就颁布律法书[1]。另外， 46
这本书的真正缘起如同他精心炮制的得到吉拉尔都斯或库斯塔帮助一样充满神奇。

所以在1937年的修订版中，叶芝坦白承认了他家里的德尔斐[2]。该书缘起于婚床，这使它具备他矢志追求的爱、美和智慧的融合。他还重新构想了书的特质。这不是新宗教，也不是哲学，这是一种象征神话。“人们可以相信某个神话，”叶芝说道，“而人们只能同意某种哲学。”然而，相信他自己的神话并不如他所说的那么容易。叶芝深入思考了这个问题，早在1928年他就将该书序言题为《给埃兹拉·庞德的包裹》，将书题献给最不愿接受它的那个人。《灵视》第一版题献给一位同辈的神秘主义者，第二版则题献给一位怀疑论者。题献给庞德很恰当，因为假如叶芝能让一个持不同

[1] Tables of the Law，《圣经·旧约》的前五卷。

[2] Delphi，古希腊城市，因阿波罗神庙而出名。

叶芝，1905 年左右

思想的人觉得此书言之有理，那么他就能以更加权威的口气说话了。他想到在意大利小镇拉帕洛听庞德解释的《诗章》[1]的结构安排，至少跟他自己在《灵视》中的结构安排有些类似之处。来自知识领域两端的诗人不知不觉找到了共同之处。叶芝在《给埃兹拉·庞德的包裹》一文中用四个不同寻常的句子下了结论：

> 有人会问我是否相信我的太阳和月球环行真实存在。那些将时间记录于一次环行中，包含布莱克所谓“动脉搏动”的，都只是象征，但是，如被针固定的蝴蝶般固定在我们中心日期的、我们时代的第一天，把真实历史分为等长时期的，究竟是什么？对于这样一个问题，我只能回答：如果有时候，我像所有身处奇迹而必被其慑服的人一样，照实接受这样的历史分期，我的理智就已很快恢复；现在既然这个体系清晰显现于我的想象中，我就把它们视为经验的风格安排，类似温德姆·刘易斯画作中的立方体和布朗库西雕塑中的卵形。他们帮助我将现实与公正融于一念。

[1] *Cantos*，庞德代表作。

只有现实和公正！叶芝开始写这段话时，他似乎只是准备
47 否认与字面真实和超自然助力的关系，但写着写着，他开始坚称《灵视》是奇迹般来到他身边的，而最后，在他晚年重新写下的一个句子中，他要求的不仅是字面真实，他要求将现实和公正融为一体。本来仿佛只是部分的回撤，现在却变成更为过分的要求。

不过，叶芝并没有立即从《给埃兹拉·庞德的包裹》冲入体系本身。他肯定觉得对于不愿意接受它的读者而言，这样做太过突然，于是增加了《麦克尔·罗巴蒂斯及其友人的故事》部分，预先吸引读者喜欢自己。他以前声称该书实际来源于吉拉尔都斯和库斯塔·本·路卡，但其实不是；而新加的罗巴蒂斯的故事完全以汪洋恣肆的形式呈现。前者创作于 1928 年，涉及杜鹃和通奸（cuckoos and cuckolding）的故事；而后者创作于晚年，更接近于他接受回春手术后的感觉。故事源于 1920 年代早期发生在牛津的一件事情。他在 1936 年 6 月 26 日致多萝西·韦尔斯利的信中说："我们把牛津布罗德街的房子出租给了几个美国女学生。一天半夜，阿兰·波特（后来成为《观察家》杂志的编辑或副编辑）从窗户爬进来。女学生欢迎他，但后来发现他性无能。他解释说他有一个了不得的朋友，每当这个朋友厌倦了一个姑娘，他就总是来接手。如果是他自己找

的姑娘，就会阳痿。女学生就说去把你朋友带来。他真去了。然后就一切顺利了……我把这个故事发展成一段关于羞怯的有趣幻想。如果那姑娘和他朋友睡在一起，他就觉得她属于一家人：一次就够了。”

阳痿显然成了叶芝的重要话题，即使是在他的第二个青春期期间。在《灵视》中，他让一个自称为丹尼丝·德·利尔-阿达姆的年轻女子讲述这个故事，仿佛是她的亲身经历。她这个奇怪的名字当然是源自维利耶·德·利尔-阿达姆（Villiers de l’Isle Adam），他的象征派戏剧作品《阿克赛勒》，叶芝年轻时特别喜欢。在这部剧中，阿克赛勒以生活不可能满足他们的希望为由，劝说女主人公立即与他一道赴死，而 48
不是等他们的爱情修成正果后再经历不可避免的失落。在叶芝满怀理想的青年时期，这部反肉体的戏剧对他而言简直太重要了，在他自己的剧本《阴翳的水域》里，恋人们也有同样的表现。但是丹尼丝在讲述自身经历的过程中评论道：在维利耶剧作中，激励阿克赛勒的是并不是性和玩世不恭，而是羞怯和暂时的阳痿。对庄重严肃的《阿克赛勒》做如此世故老到的修改，与叶芝晚年的风格和观念相一致。而这个故事不仅仅是肉体上的通融调和。它另有所指，即丹尼丝的灵魂爱着一个男人，身体却爱着另一个男人。身体相拥时，灵魂却保持距离，而灵魂相拥时，身体却保持距离。同样的主题也出现在叶芝后期组诗《三丛灌木》中：贵妇嫌恶肉体之爱而非精神之爱，吩咐侍女黑暗中偷偷替她与情人同床，而与情人在白天保持精神之爱。侍女却是在肉体和精神上都爱着情人。所以，这个关于贵妇与侍女的艳情故事具有形而上的意义，事实上性对于叶芝而言都自始至终具有形而上意义，肉体往往是灵魂力量的体现。

关于《灵视》中公开宣称的神秘主义素材，叶芝保留了第一版中有关心理和文化史的部分，只是删去了对不远将来所作的一个不够审慎的预言。他重点修改了关于自我的形而上部分和关于来世的部分。它们在第一版中充满犹疑，现在被叶芝大量删减。他的语气更为确信，更多地使用了隐喻。但在一定程度上，这些部分永远无法完成。他越修改，就越会遇到一些重要问题，根本不可能解决，除非他装得更加确信。主要问题就是人性自我与精神自我——非人间的另一个自我——的关系，以及自由意志和决定论的较量。回答第一个问题，叶芝有一套关于精神的理论，在一封他生前未发表过的短笺“七大命题”中作了充分表述。第一个命题认为：“现实是一个超越时间、
50 超越空间的灵魂共同体，灵魂之间互相感知。每一颗灵魂都由其感知的灵魂决定，并决定对方，而每一颗灵魂都是独一无二的。”第二个命题认为：“这些灵魂在时空中反映自己时，依然决定彼此，而每一颗灵魂都视其他灵魂为思想、意象、感觉之物。时间和空间都不是真实的。”

理解这两个命题以及我没有引述的其他五个命题的明显

叶芝一家，1920 年代

困难之处在于：如果只有灵魂是真实的，那么人类就仅仅是不确定的短暂存在。换言之，叶芝在颠覆我们通常认为的，灵魂虚无缥缈，人类才是真实的存在；相反，他将男男女女变成虚无缥缈，灵魂却是真实的。叶芝的许多诗都试图使精神世界形诸具体，而使自然世界精神化。但是他的诗的表现方式通常可以被视为夸张的隐喻，只是情感上的保证而不是教义上的正当。他不能完全将血和肉视为次要角色，尽管在他的理论中，它们并不重要。其结果是，他不仅在《灵视》中限制了灵魂的自主性，而且在同时期的诗歌创作中提出灵魂嫉妒人类，渴望被赋以形体，以“亵渎神圣，并和情人欢度良宵”。在他的早期诗作中，仙子出于对肉体凡胎的嫉妒而拐走人类的孩子，凯尔特或希腊诸神爱上人类的孩子，强暴或诱奸他们。

书中的第二个问题，相对于决定论的自由意志，叶芝同样悬而不决。因此尽管《灵视》貌似属于决定论体系，其中过去和将来遵循机械定律，存在物在轮回中占据安排好的固定位置，叶芝还是——他曾经完善了该体系——充分利用了他所谓的第十三锥体或球体，一种可改变一切的神的替身。叶芝将不可预测性引入一个取决于可预测性的体系，由此使物质和超物质的关系变动不居。于是这两大问题——灵魂与实体，自由与强制——在第二版《灵视》里依然模糊不清，就像在第一版里一样。叶芝拒绝封闭这个体系。他不介意其中有尚未解决的问题。为麦克米伦公司处理此书的编辑托马斯·马克曾向我透露（并要我保密），他给叶芝指出了《灵视》中一些前后不一致的细节；令他惊讶的是，叶芝没有特别在意。他仿佛知道象征体系永远不会完美。 51

《灵视》第二版出版后，叶芝就开始对它表示不满。他在《拙作总导论》一文中说，对存在统一性这一主题的“潜意识的先入之见”，“带给我《灵视》及其粗糙构造一个不全面的阐释”。此时已经是叶芝本人的潜意识，而不再是叶芝夫人的潜意识——她已被降格为他潜意识的代言人。他写道：“我不知道我是否想让朋友们看到这一点。”在给艾瑟尔·曼宁[1]的信中，他称《灵视》为自己的“公开哲学”，而他还有一套“私人哲学”。《灵视》一度是私人的，现在却成了人所共知，但还有一些非常私密的想法，他并没有表达出来。他告诉艾瑟尔·曼宁说，他的私人哲学是“讨论个人思想的材料，在我创作《灵视》初稿时产生。我尚未发表它，是因为我尚未完全弄懂”。

我认为我们至少可以推测出叶芝私人哲学所包含的部分话题。所以我们也许可以隐约感知还有一版《灵视》，第三

[1] Ethel Mannin，小说家，叶芝晚年的女友。

个版本，他从未落笔的一版。这个版本似乎构成了他所有作品的基础，但他直到临终之际才完全承认。较之以往，他现在更加认识到某些问题不止一种解决途径，而且认为最佳做法必须是表达，而不是消解他对这些问题所作的自相矛盾的回应。

他对《灵视》不满，与其说是因为它在终极问题上的前后不一，不如说是因为它的乐观态度。永恒循环不断，“生命接踵而至”，灵魂如约改变形态；一切似乎都在有条不紊地行进。叶芝在其中一节中驳斥保罗·瓦莱里，因其在《海滨墓园》中为所有生命都必将消失而欣喜。他说，不，他记得一位年轻女
52 士（茉德·冈的女儿艾索尔特）在诺曼底的一处海滩演唱她自己谱写的一首歌，歌中每一节都以“上帝，请让一些东西留下”结尾。不过，叶芝并非总是那么矢志维护生命。在他自己的诗作《踌躇》中，他想象一位中国军阀对手下厌战的士兵叫嚷：“让万事万物全部消逝。”[1] 欲望被轻蔑的放弃抵消。如果《灵视》不给这样的情感留有余地，那就是它的一个缺陷了。

叶芝明确承认他在《灵视》中忽略的一个主题就是他所谓的“至福灵视”[2]。这在一定程度上是整个体系的基石，因为

---

[1] 此处艾尔曼记忆有误，在该诗的第六部分确实出现了中国西周时期的“伟大的周公旦”，但对手下厌战的士兵叫嚷的不是“中国军阀”，而是古巴比伦王国的某位征服者。

[2] The beatific vision，指圣徒灵魂在天堂对上帝的直接认知。

几乎无穷的转化就是为了最终获得真正统一的存在。如果叶芝在散文作品中表达他诗歌中的内容，那么他也许会论述至福所具有的几种形式：情人身心契合而达至的统一；英雄功德圆满时达至的正面统一，以及圣徒磨难完成时达至的负面统一；人死后灵魂可能达至的统一；俗物经琢磨后达至的统一；以及另一种，更为谦逊的统一，有时在不经意间随兴出现在我们面前，却不因未经探求而不重要。上述任何一种情形都挑战或超越生活的常态。叶芝总是把这种常态描述成矛盾的对立。

但是至福灵视可能仅仅是跷跷板的一端。还有与之对立的另一端，使至福灵视所赋予的一切归于无效。不是圆满而是空白。不是进取而是徒劳。在青年时代，叶芝已经预见到玫瑰的到来是复兴的吉兆，不过他在《黑猪谷》里也预见到了毁灭的凶兆。在他后期的作品里，尽管他从未完全抛弃复兴的观念，但他的诸多预言经常包含恐怖的成分。《再度降临》中的重生形象是人和兽的可怕混合，懒懒地走向伯利恒[1]，象征着敌基督，
即将摧毁已经诞生的一切。上帝威胁焚毁时间，或者诗人威胁 54

[1] Bethlehem，耶稣降生之地，“敌基督”也来此投生，更增添了恐怖气氛和讽刺意味。

从马耳他热中康复的叶芝夫妇在拉帕洛，1928 年左右

要擦亮火柴点燃时间世界，因为时间世界不符合他所设定的标准，这些威胁总是为叶芝总体上充满肯定的诗作加上了一层否定的底色。他关于死后生活的观念具有一种可资比较的双重性。在《寒冷的天堂》里，灵魂受到不公正而非公正的惩罚，天堂成了地狱。而与这首诗相反，叶芝的后期诗作，比如《约翰·金塞拉对玛丽·穆尔太太的哀悼》却告诉我们，天堂“那里没有期望会落空，没有良俗会结束”。死后生活也许美好，也许并不美好。

当叶芝从对立的视角审视爱情，爱情就不再象征圆满，而是象征着施刑者和受害者、爱和恨之间纠缠难舍的关系。所以《她在林中的灵视》一诗更接近波德莱尔，而非但丁，而在一首后期诗作中，叶芝说及憎恨上帝的情感，如同热爱上帝一样鼓舞人心。

他对艺术的态度同样具有两面性。早在 1925 年，他在《航往拜占庭》中写到一个老人渴望逃离令人憎恶的自然物质世界而进入艺术的完美境界。他的朋友斯特奇·莫尔提醒他说，艺术本身也属于自然物质世界，叶芝表示赞同，于是写了第二首诗《拜占庭》，依然强调艺术使生命意象发生神奇的转化。但是到了晚年，叶芝在《驯兽的逃逸》一诗中再次提及这个主题。这次他将拜占庭搁置一边，仿佛要更直接地探讨这个问题。他一开始就召集了自己早年笔下的艺术形象，指出它们源于情欲，但逐渐具有了独立的生命。这首诗似乎与那些关于拜占庭的诗一样，要歌颂艺术的净化和疏离力量。但是在最后一节，叶芝突然转而宣称：

因为在纯净的心境中成长完善，
那些形象绝妙，自何处起始？
街上清扫的垃圾或大堆破烂，
旧水壶、旧酒瓶，还有一只破罐子，
废铁、残骨、破布、那掌柜管钱
长舌妇。既然我的梯子已丢失，
我只得躺倒在所有梯子起始处，
在这污秽的心灵废旧物品铺。

艺术往往会吹嘘自己的掌控力，但它必然来自一堆未经净化的纷乱经验，而这些经验如同“瞎子之沟的蛙卵”——叶芝在《自性与灵魂的对话》中的生命意象——再次以其可憎的魅力将我们牢牢控制。

《驯兽的逃逸》讨论了艺术的起源，但没有质疑艺术的权威。这要留待叶芝另一首晚年诗作《又怎样？》来完成。在《又怎样？》中，老人审视了文学成就斐然的一生：

“工作完成了，”年老时他自思，
“按照我少年时的计划设想；

让蠢人发怒吧，我丝毫未偏离，
使某种东西达到了完美”……

柏拉图的鬼魂，在每一个诗节之后都不无揶揄地高唱：“又怎样？”这一次唱得更为坚决。“可是那鬼魂更大声唱：‘又怎样？’”艺术表面上战胜了时间，但这也许跟任何其他幻象一样毫无意义。

叶芝质疑艺术之处也是他质疑生活之处。他往往赞美生活，虽然经常带着勉强或挑衅。但有一些时刻他可以看见最终的空虚。他的晚期诗作《迷卢》即对此观点有最具说服力的表述：

文明被箍在一起，由多重幻想
置于一条规则，置于和平的
幌子之下；但是人生即思想；
他，尽管恐惧，却无法停止
劫掠，经过一个又一个世纪，
劫掠，肆虐，灭绝，以便最终他
可以进入现实世界的荒凉里。

从至福的意义上来说，现实世界如叶芝诗作《那里》中所说，“所有的桶箍都紧紧衔接”，但相对而言，又如同《迷卢》里

所写，桶箍并不能持久，我们所有的只是“荒凉”。“埃及和
57 希腊，别了，别了，罗马！”是对文明逃离虚无的自负行为所作的精彩驳斥。在《迷卢》中，叶芝将这种认识归因于东方，而在另一首晚年诗作《雕像》中，他断言：“革里毛金[1]爬向佛陀的空寂”（也就是说，一个虚无的拜神者爬向一个同样虚无的神）。东方既是地理存在，也是他头脑中的一个半球。在《黑碉楼》中，叶芝再现了之前经常使用并赋予其各种象征意义的碉楼，但是这一次，它却可能毫无意义，这骇人的可能性，即便是它的守卫者也感觉到了。《朝圣者》一诗中的朝圣者曾禁食斋戒，到德戈湖朝圣，询问过死者，而现在总结他学到的一切，说的却是“呋儿得喽儿得咯哩噢”——轻松欢快又毫无意义。

这种对立的观点在叶芝最后的诗作中表现最为明显的或许就在死亡主题中。诗人步入了老年，诗作中自然充满死者、垂死者和即将面对死亡者。他的儿子回忆道，医生们判断叶芝只剩下三年寿命，他这样告诉妻子：“我这么早就死，会给家族丢脸。”死亡主题早年就一直困扰着他。二十年前，在关于奥博利·比亚兹莱的姐姐梅波尔的一组诗作里，叶芝曾

[1] Grimalkin，猫的名字，常带有恶毒的含义。

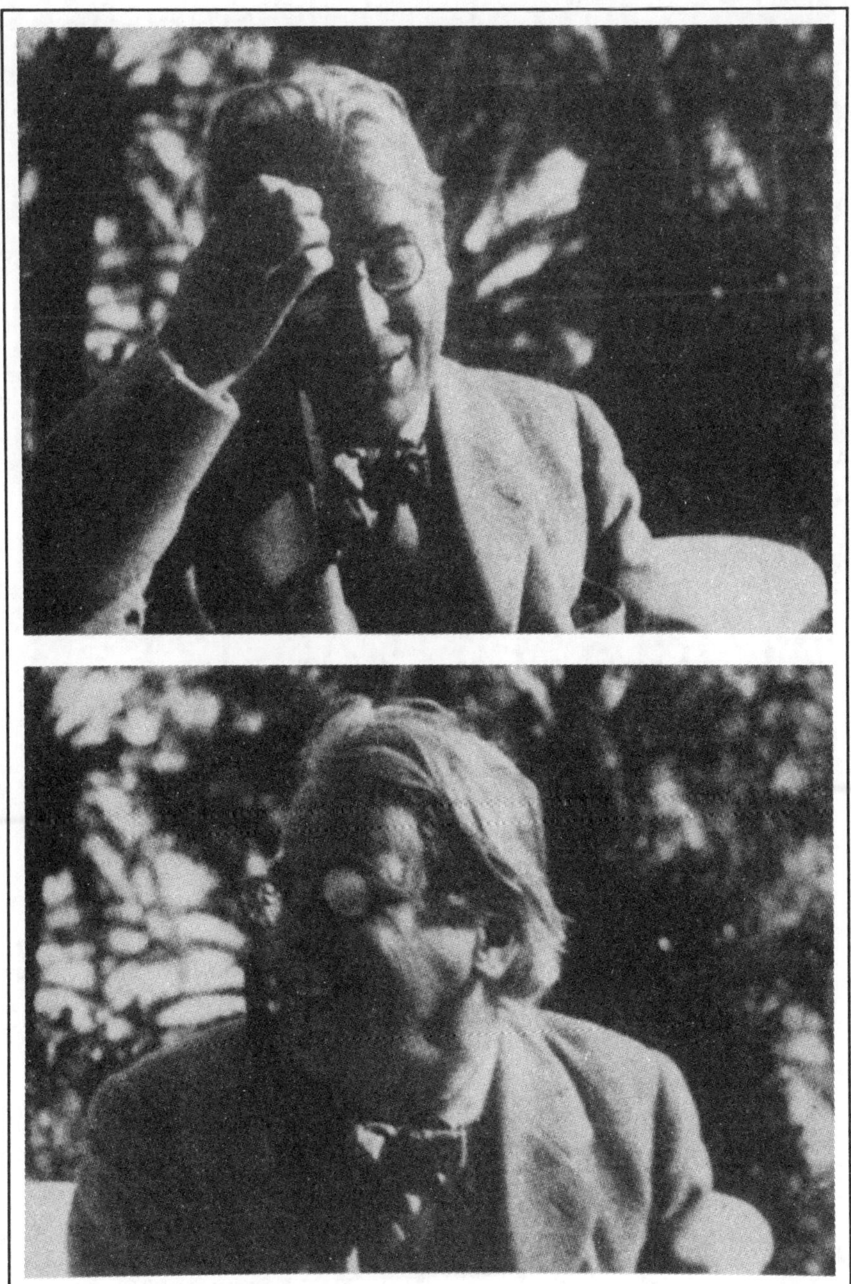

叶芝讲笑话，1930 年代

赞扬那些直视死亡而笑的人。在收入最后诗集的《天青石雕》一诗中，他描写了各类悲剧人物的死亡，尤其是哈姆雷特和李尔王，他赋予他们的不仅是笑，更是一种悲剧的欢欣。（他的散文作品《在锅炉上》中也有相同处理。）哈姆雷特和李尔王在舞台上死亡时，扮演他们的演员没有哭泣是对的，因为哈姆雷特和李尔王已经传达出本质的力量，而这些力量正如叶芝引用布莱克所说的，属于“永久的喜悦”。如果换一种表现方式，那就会是他们在死亡那一刻完成了自身形象的塑造：“暗场：天堂之光照入头顶。”叶芝喜欢谈论一位死于自我献祭的北欧神祇。悲剧英雄在追求天命的过程中，使死亡成为自己的同谋而不是对手。

58 死亡是悲剧启示的一种方式，叶芝愉快地接受这一观点，并在许多诗作中予以表达，与之相对的观点则是死亡也许完全不是这样。叶芝偶尔对此也有表达。如果说，在《布尔本山下》里，叶芝向读者保证死亡只是灵魂转世前的暂时中断，那么他在另一首诗《鬼影》里则没有给予这样的安慰。据叶芝夫人告知，诗中的叠句来自叶芝本人的梦魇，他认为是关于死亡，叠句只是不断重复：

> 我曾见过十五个鬼影；
> 最糟的是衣架撑着衣裳。

在叶芝所有的诗作中，最为晦暗的也许是其晚年创作的《人与回声》。像他的许多其他诗作一样，这是一场辩论，不过这次辩论的对手不是自我，不是灵魂，不是心灵，也不是反自我，而是一个洞穴和失败主义的回声。诗中的人起先懊恼地回忆自己做错或没有做成的事：

一切都像是罪恶，直到
睡不着我宁愿躺下死掉。

对此回声毫不同情地回应道：

躺下死掉。

但人拒绝接受这个办法。他满怀人性地确信：

那是逃避
精神理智的伟大劳役……
当人还能保有肉体时，
醇酒或爱欲使他迷醉……
但肉体消亡后，他不再沉睡，
直到理智渐渐确知
一切都安排成清晰景象，

才探求我所探求的思想，
然后其灵魂等待判决；
诸事完毕之后，把一切
遣散出理智和眼界之外，
最后沉入黑夜之内。

60 对此回声只是回答道：

黑夜之内。

这空洞虚无让人绝望，于是他呐喊道：

呵，岩石之声，
在那伟大的黑夜里我们将欢欣？

叶芝的这两行诗让人回想起他最后那部诗集《新诗》中的第一首诗《螺旋》，他在诗中写道：

岩洞中传出一声音，
它所知一切就是那个词：“欢欣！”

但是在《人与回声》中，人回答那个几乎无望的问题时，用了

叶芝与伊迪丝·沙克尔顿·希尔德、埃德蒙·杜拉克夫人（右边坐者）在一起，1938 年左右

一个更为无望的问题，他仍是对回声说：

> 除了在此地彼此面对，
> 我们还知道何事？

这次回声没有必要回答了。对于灵视的另一面，有关现世和来世合情合理的任何念头都是无法成立的。因此，虽然叶芝早年在《给埃兹拉·庞德的包裹》一文的结尾，声称自己单纯地坚持现实和公正的存在，此时却出于内心的诚实而不得不承认这种可能：现实即荒芜，公正即虚构。

叶芝夫人告诉我，她丈夫要完成创作，也许得用一百年。我猜想他在挫平两股力量的锋芒，他一直看见这两股力量在世界上起着作用。一股力量不以为然地把现实看作暂时的东西，如潮汐一般；另一股力量则把现实看作蜂窝或鸟巢一般，坚韧、持久。1938 年 5 月他口授了一首四行诗，但从未公开发
62 表，诗的第一行质问道：“这一切该怎么解释？”接下来的几行诗写道：

> 对于一个博学者它看上去像什么？
> 无在无中回旋，或者当他愿意，

叶芝，1930 年代

无从无名之地奔向无名之地。

也许叶芝惟有在这首诗中才如此悲观地对待至福灵视的另一面。但是“无”（nothing）一词在他后期的两部剧作中反复出现过：《炼狱》中的老人最后说：“两度谋杀者，一切都徒劳无功”；《鹭鸶蛋》最后的台词向虚空申诉（memorialize）：“那一切麻烦，对此无所表示。”很久以前叶芝曾写下：“空无一物之地，上帝在焉。”但他同样也让弗格斯国王说：“现在我已经什么都不种植了，明白一切。”在《螺旋》一诗中，叶芝表示整个观景亭可以从“任何富有、黑暗的虚无中”重新建造起来。他可以把“无”想象为既空无一物，又孕育万物。我认为他越来越敏锐地观察两种强烈愿望之间的冲突：结束细微区别、微妙激情和差异事物的强烈愿望与不惜一切代价保留它们的愿望。在他最后一部诗剧《库胡林之死》中，终场合唱问道：

人们崇敬和憎恨的那些东西
是他们唯一的现实吗？

叶芝在临近生命终结之际，认识到他无法在至福灵视及其对立面之间作出选择。生命如丰饶角的意象被空贝壳的意象无情瓦解。在最后一部剧作中，他让主要角色都具有这种不确定感。《炼狱》中的老人认为，杀死自己的儿子，他就能将母

亲的灵魂从炼狱里释放出来，最后却发现这种可怕行为毫无作
用。这部剧作通常被视为哀悼爱尔兰乡下住宅没落的挽歌，但
我却认为它主要是哀叹不可能将至福灵视强加于其可怖的另一
面。施泰纳赫回春术象征着叶芝企图将性能力强加于性无能，
然而即便他自称术后恢复了青春，其实也明知自己并没有。痛 63
苦和消解感一直伴随他度过了第二春的那些年。最后，如他自
己所说，我们必须“在不确定中吟唱”。他年轻时在《梦想仙
境的人》一诗中预言终有一天上帝会“一吻焚毁世界”。在晚
年的一封信中他又回归这一想法：“最后一吻将献给空。”艺术
家将形式强加于空，但知道空终将压倒一切。在火光熊熊的熔
炉中，宇宙被创造出来，也将会灭亡。“画家的笔吞没了他的
梦想。”叶芝写道。他知道诗人的笔也一样，既属于创造的过
程也属于消亡的过程。在最后一封信中，叶芝表示只有一件事
让他感到安慰，即人如果无法得知真相，也可以最终体现真
相。他不是没有无意识的骄傲，他说将在生命的完满之际体现
真相。他的意思是，对于伟大问题的回答，只可能是短暂的，
埋伏在充满激情的言辞之中。无论我们是否拥有远见，都如福
斯塔夫所说，是“难免一死的人，难免一死的人”。

詹姆斯·乔伊斯，布朗库西 绘，1929 年

艺术内外的詹姆斯·乔伊斯

刚刚过去的詹姆斯·乔伊斯百年诞辰，乔伊斯本人远在 65
读者想到之前就早已想到。1924年的“布卢姆日”，即《尤利西斯》记述的那一天，他在笔记本上写道：“今天6月16日，20年了。是否有人记得这个日子。”《尤利西斯》中的斯蒂芬·代达勒斯也问过同样的问题，他写下一首新诗的句子：“是否有人将在某处读到这些文字？”斯蒂芬还十分内疚地记起曾在动身去巴黎之前吩咐，万一他死了，他的那些“显形篇”（epiphanies）应该印送全世界各大图书馆，包括亚历山大图书馆：“几千年后会有人去图书馆读它们……”亚历山大图书馆已经在几个世纪前被焚毁，不太可能有人会在任何时候去那里读他的“显形篇”。不过，如果乔伊斯嘲笑这类对流芳百世的渴望，那就是因为他有流芳百世的渴望可以被嘲笑。他的弟弟斯坦尼斯劳斯——泾渭分明地区分虚构和事实——清楚地记得，1920 年詹姆斯去巴黎之前同样吩咐过如何处理他的诗作和“显形篇”。没有人会反对勇敢的年轻人朝气蓬勃地虚张声势。受或真或假的天赋激励，他们都同意莎士比亚所说：

> 石碑或金碧辉煌的帝王纪念碑
> 不会比这有力的诗篇寿命更长。
>
> （莎士比亚《十四行诗》第 55 首）

66 有时候他们是正确的。

乔伊斯确信自己前途无量，怀着对美好未来的期待，他接受他人的提携帮助。1904 年他一度认为时机已到，一个名叫凯利的爱尔兰裔美国百万富翁似乎愿意借钱给他筹办一本拟名为《蛊柏林》（*Goblin*）的周刊。乔伊斯对即将共同主编这本杂志的老朋友弗朗西斯・斯凯芬顿说：“我想我就要进入自己的王国了。”不幸的是，富翁凯利退出了。八年后类似的话又出现在乔伊斯写给妻子的信中：“我希望总有一天，在我进入自己王国之时，我能够让你荣耀地站在我身边。”虽然仍在“上下左右”地借贷，但他并没有灰心丧气。1907 年他的次子出生在贫民窟的一间病房里，但在如此氛围中乔伊斯仍向弟弟透露说：“我的头脑比我迄今遇到的任何人都更优越、更文明。”囊中空空也丝毫没有削弱他对精神富有的自信。年岁增长，他自信依旧，他所谓的王国仍然包容后世，他的书将是他们必读的文字。当马克斯·伊斯门问他为什么要把《芬尼根守灵夜》写成这样时，乔伊斯故意逗人发笑地夸口道：“好让评论家忙上三百年。”

这三百年中的第一个百年，乔伊斯显然完全经受住了考验。确实全世界都在研究他的作品，即使不读他作品的人也受到了影响。更有甚者，英格兰和其他地方的作家都必须在小说动笔前选择是否采用传统写法，而在乔伊斯之前，他们可以毫无顾忌地遵循传统。乔伊斯不缺乏崇拜者，也不缺乏诋毁者。诋毁他的人反感乔伊斯的粉丝执着地追随利奥波尔德·布卢姆的足迹走遍都柏林，爬上圣蒂库弗圆堡的台阶，或在装修一新的大卫·伯恩酒馆喝酒。当然，比起攀登华兹华斯的赫尔维林峰、参观霍桑笔下塞勒姆的带七个尖角阁的房子或普鲁斯特姑妈在伊利耶-贡布雷的房子，这些行为并非更加有害或狂热。如果说乔伊斯尤其令人热衷这种朝圣，那也许是因为我们渴望更加接近这位内向的作家，与他建立他 68
并不愿意建立的亲近关系。

读者想看乔伊斯书中的这些地方，另一个原因是尽管他把这些地方转变成了文字，但并没有杜撰。他说：“他十分大胆，敢于作外观上的改变，甚至敢于扭曲他亲见亲闻的一切。”（1906 年 5 月 5 日）这和《都柏林人》一书有关。他总是试图核实都柏林的所有细节，尽管这座城市离他正在写作的书桌几乎千里之遥。埃克尔斯街 7 号那幢房子前的区域到底有多少英尺？莱西家露台上种的是什么树？乔伊斯的某些特质正是对这

约翰·叶芝于阿贝剧院创作的乔伊斯素描，1902 年 10 月

种热情的报偿。比如在《青年艺术家画像》中，斯蒂芬·代达勒斯向教导主任抗议自己被冤枉打了手心，然后离开教导主任的办公室，走过一条长长的走廊。在走廊尽头，他的胳膊肘重重撞到门上。有人告诉我说，克郎高士森林公学的几代学生都将胳膊肘撞这一扇门。乔伊斯就是这样留心细节，甚至声称如果都柏林被毁，依旧可以照他书中的描述重建。这座城市将因为他的不朽而永存。不过，其他小说家更可能以可重建的方式呈现一座城市。乔伊斯没有提供任何建筑信息，只提到胳膊肘撞击的地方、倚靠的地方、眼角看到的地方、凭熟悉的气味认出的地方。都柏林是从碎片而非集群中呈现。其他任何形式都会是游记。

他既依赖真实也超越真实。这一态度也许来自他告诉朋友、法国院士路易·吉莱（Louis Gillet）的一个故事。布拉斯基特岛上有一个人从来没有离开过他出生的这个岛，对爱尔兰本上的一切都一无所知。有一回他来到爱尔兰，在集市上看到一面平生从未见过的小镜子，就买下来，不停地抚摸、凝视。回到布拉斯基特岛后，他从口袋里掏出镜子，又盯着看了许久，轻声叫道："噢，爸爸！爸爸！"他小心守着这件宝物，不让妻子看见。但妻子发现他藏着什么，就起了疑心。一个大热天，两人都在地里干活，丈夫把外套挂在树篱上。妻子瞅准机会冲过去，从口袋里找出了丈夫的秘密宝贝。可她往镜子里一 69
瞧，便嚷道："嘿，就只有一个老太婆啊！"一气之下扔掉镜子，镜子摔到石头上砸了个粉碎。对于乔伊斯来说，这个故事有多重含义，比如男人孝顺，女人虚荣。但最主要的含义是：镜子的本质是反映照镜者的意识。他会赞同佩特所说的："艺术就是透过性情所看见的生活。"（1907 年 5 月 16 日）

乔伊斯年轻时有太多亟待处理的主题，只能从中选择。而随着年龄增长，他需要更多启发。他有时认为自己必须改变平静的生活以确保灵感。当然他可以对朱娜·巴恩斯辩解说："[约翰·塞巴斯蒂安·] 巴赫的一生就是波澜不惊。"但和欧内斯特·海明威在一起时，他说到了去非洲的可能性。乔伊斯夫人鼓励他说："吉姆[1]可以去猎狮场。"乔伊斯视力很差，他答道："我们必须面对的事实是我看不见狮子。"但妻子并没有因此放下话头："海明威可以告诉你狮子的位置，然后你走上去摸它、闻它的气味。这样就行了。"可他需要的材料离家更近。为了表现《尤利西斯》和剧作《流亡者》的主要主题，乔伊斯可以仰仗一件没有发生但他一度以为发生的事件。1909 年，一个曾经的朋友声称，在乔伊斯追求诺拉·巴纳克尔期间，诺拉与他本人也保持着关系。五年后，当乔伊斯正式开始创作小说及剧本时，他却无法唤起一度强烈的嫉妒之情。他妻子向朋友弗兰克·巴津（Frank Budgen）抱怨说："吉姆要我跟其他男人走，这样他就有东西写了。"看来，她作为妻子并没有尽到这

[1] 吉姆是"詹姆斯"的昵称。

一责任，不过也的确帮过他，在一封信中称他为“亲爱的绿帽子”，使他在写《尤利西斯》时更加才思敏捷。

为了艺术，乔伊斯本人也做了相当的牺牲。1917 到 1918 71
年间他开始撰写《尤利西斯》的“瑙西卡”一章，布卢姆在海滨与一个名叫格蒂·麦克道尔的女孩眉目调情。乔伊斯似乎觉得他也必须做点类似的事情。他向两个女人示爱，也许心里悄悄想着自己的书。第一段艳遇发生在瑞士洛迦诺，那里的气候比苏黎世温和，他曾去度假。1917 年，格特鲁德·肯普弗（Gertrude Kaempffer）——德国首批女医生之一——因为险些令她丧命的肺结核，在洛迦诺附近的奥尔塞利纳疗养。饱受眼疾困扰的乔伊斯则住在洛迦诺的达海姆公寓。一天晚上，格特鲁德·肯普弗坐缆车上山，到这家公寓看望朋友。朋友把她介绍给了乔伊斯。乔伊斯已经出版了三本书，加上他出众的文学才华，在当地小有名气。他立刻对年轻的女医生产生了兴趣，一番交谈之后提出送她去缆车站。但肯普弗医生听朋友说乔伊斯夫人会吃醋，便婉拒了。

但第二天他们又在赌场旁的温泉宾馆前邂逅。聊了几句，乔伊斯陪她返回住所。步行一段路之后，她伸手告别，他双手握住她的手，抚摸着说他多么喜爱这样一双皮肤细腻的纤纤玉手。（她却觉得自己的手只是瘦削苍白而已。）布卢姆色眯眯凝

乔伊斯，1919 年

视的对象格蒂·麦克道尔也是类似的“白净如蜡”，而且，如
我们所知，“她的纹理纤细的雪花石膏似的手，十指尖尖，用
柠檬汁和油膏女王擦得白而又白，不过说她戴着小山羊皮的
手套睡觉或是用牛奶浴脚都不符合事实”。[1]乔伊斯借给格特鲁
德·肯普弗一本《青年艺术家画像》。她很感兴趣，还向他请
教了一些不懂的英语单词。乔伊斯也许以为她是医生，熟谙世
事。其实不然，因为她是第一批女学生，学医期间受到老师同
学的宠爱，一毕业又病倒了，所以并没有多少人生经验。乔
伊斯很快向她示爱，她着实被吓坏了。她被他的思想深深吸 72
引，但又觉得他对她的思想毫无兴趣。被拒绝后，他提出与她
通信，信寄到苏黎世邮局保存。（布卢姆也是用这种方式与玛
莎·克利福德秘密通信的。）肯普弗医生犹豫之下拒绝了；她
对秘密通信很反感。

不过，乔伊斯占据了她的思想，她饶有兴趣地打开了他写来的两封信。莫莉·布卢姆回想起布卢姆曾“把所有那些词写进给我的信里”；在《青年艺术家画像》里，乔伊斯写到斯蒂芬·代达勒斯写了几封淫秽的信随处一放，希望会被某个姑娘发现。乔伊斯对格特鲁德·肯普弗也表现出类似的倾向。他们的信似乎和斯蒂芬所写的一样，超越时空，但其实

---

[1] 本篇中《尤利西斯》译文采用人民文学出版社2012年版金隄译本，略有改动。

并非如此。他说他爱她，并且明言他的爱关乎肉体。他希望她也有同感。他说他希望开诚布公，并由她来决定他们是否保持亲密关系。

接着，也许是为了刺激她和他自己，他用十分讲究的字迹描述了第一次性体验。那时他十四岁，和家里保姆一起在树林边散步，保姆叫他转过身去。他转身后听到水溅在地上的声音。乔伊斯用的“撒尿”（piss）一词，年轻的女医生并不认识。水声激起了他的性欲。“我疯狂地颤动起来（I jiggled furiously）。”他写道。这句话她还是不懂，后来听人说是一种苏格兰舞蹈。在《芬尼根守灵夜》里，主人公壹耳微蚵被指面对两个正在解手的女孩做出同样的行为：“毁谤，让它彻彻底底地撒谎吧，它从未能让我们善良、伟大、不同寻常的南方人壹耳微蚵，那个纯粹的人，就如一位虔诚的作者称呼他的，做任何更严重的不得体之事……谈到在长灯心草的空地的涌动处，面对一对优雅的女仆做出了非绅士的无礼举动……那里自然夫人处于天真纯洁之中，大约在黄昏的同一时间，自动地把她们两个都送来了……”[1] 乔伊斯显然认识到自己行为的荒谬可耻。他在写给格特鲁德·肯普弗的一封信中还坦陈了另一个弱点：和女人睡觉时生怕被人发现，就特别容易被撩拨起性欲。

---

[1] 译文采用了戴从容译《芬尼根守灵夜》第 132 页，上海人民出版社，2013 年版。

格特鲁德·肯普弗并不认为这些情绪有多吸引人，也许乔伊斯写这些，与其说是希望与她分享，不如说是使自己沉湎于幻想之中。她撕毁了信件，以免被人看到，也不作答复。直到一年后他们才重逢。她去苏黎世探望朋友，在一个公共场所看见一个郁郁寡欢、面容憔悴的人，便走近了想看看是不是乔伊斯。他猛地转过身，认出了她，热情地打招呼，请她去咖啡馆。她与朋友有约在先，无法同去。那么她稍后去宾馆一起喝一杯，好吗？她料到会尴尬，便再次谢绝。乔伊斯面露痛苦，与她握手道别。这段牧歌的唯一残迹是记忆中一个曾撩拨他情欲的女人，名叫格特鲁德。至少他从中撷取了一样东西：“瑙西卡”一章中激起布卢姆欲望的年轻女子的名字——格蒂。诚如他在《贾科莫·乔伊斯》（*Giacomo Joyce*）中所说：“写出来，你这混蛋，把它写出来！除此之外你还能干什么？” 73

对于“瑙西卡”一章，他需要的提示远远不是冷淡的肯普弗医生所能给予的。他的第二段艳遇发生在几个月之后，这次是在苏黎世。1918 年的一天，乔伊斯从公寓窗口往外看，恰好看见对面大楼一个房间里一个年轻女人正在拉马桶链子冲水。正如我们已经注意到的，这一动作对乔伊斯具有明显的性意味。他想方设法在大街上与这个女人搭上话，她叫玛莎·弗莱施曼，走路跛脚，于是“瑙西卡”一章中的格蒂·麦克道尔也同样跛脚。他惊异地注视她，仿佛以前见过。后来他告诉她说她像极了他很多年前在都柏林海滨见过的一个女人。玛莎·弗莱施曼似乎腼腆地没有接他这一招开局攻势。

乔伊斯的感情究竟有多少是来自写小说的需要，而他的小说又究竟有多少是来自情欲的需要，他没有必要回答这些问题。诚如十三年前在他给弟弟的信中所写：“任何东西都不可能取代个人激情，它推动了一切——包括艺术和哲学。”（1905 年 2 月 7 日）乔伊斯一直守候着玛莎·弗莱施曼，而她也没有对他的关注置之不理，直接关上了百叶窗。他给她写了一封热情洋溢的信，一半是法语，笔迹做了伪装，尤其“e”用了希腊字母写法。他会让《尤利西斯》中的耶尔弗顿·巴里太太抱怨布卢姆给她“用拙劣反手书法写了一封通篇下流建议的匿名信”，还会让布卢姆在给另一个玛莎的信中用希腊字母的写法写“e”。乔伊斯求玛莎把名字告诉他；求她不要
76 介意他暗示她是犹太人，因为毕竟耶稣出自犹太女人的子宫。至于他本人，他是作家，正处在人生的关键时刻。他的年龄与开始写《神曲》的但丁、爱上《十四行诗》中黑女人时的莎士比亚相仿（具体日期我们无从得知）。他极其不幸；他必须见她。

玛莎经不住乔伊斯的胡搅蛮缠，答应跟他见面——不管自己是不是犹太人。他们见面时乔伊斯并没有太多谈及宗教，而是把谈话转向了更适宜的题目——女人的抽屉，这始终是一个能刺激他的话题，而且在“瑙西卡”一章中尤其重要。她顽皮地坦白说，要她安排并不容易，因为她有一个“保护人”，叫

鲁道夫·希尔特波德。希尔特波德实际上是她的情人，为她付房租。他很警觉，所以她不得不小心行事。乔伊斯亲笔题签了一本《室内乐》送给她，放在她的信箱里。这礼物送给玛莎再恰当不过，尤其因为他让布卢姆在《尤利西斯》中开玩笑地从室内乐（chamber music）联想到夜壶（chamber pots）。显然玛莎十分欣赏。“瑙西卡”一章中的格蒂·麦克道尔也会对诗歌感兴趣，尽管这种兴趣更无可救药。

乔伊斯在准备一种奇特的仪式。1918 年 2 月 2 日，乔伊斯 36 岁生日，他邀请她到他朋友弗兰克·巴津的画室喝茶。那天早上他写给她的便笺就题为“马利亚圣烛节”，那天正是纪念圣母行洁净礼的日子。他显然希望在自己的情欲举动中融入些许圣母崇拜的意味，就像他在《尤利西斯》中将布卢姆对格蒂·麦克道尔的世俗迷恋与供奉圣母的教堂里的男子静思会相提并论。在苏黎世的乔伊斯借来一座犹太人献殿节用的华丽银烛台，带到弗兰克·巴津的画室。他告诉画家，玛莎一会儿就到。

巴津表示对帮助朋友私通心有顾忌。乔伊斯严肃地答道： 77
“如果我在这件事上允许约束自己，那就是我精神上的死亡。”巴津不愿犯下精神谋杀之罪，只好屈服。乔伊斯继续准备。巴津的画用作装饰绰绰有余，只是其中没有裸体。所以画家不得不当场赶出一幅描绘性感裸体的炭笔画。乔伊斯说，尽管他不愿对人直呼其名，但这一次他和巴津不得互称乔伊斯和巴津，

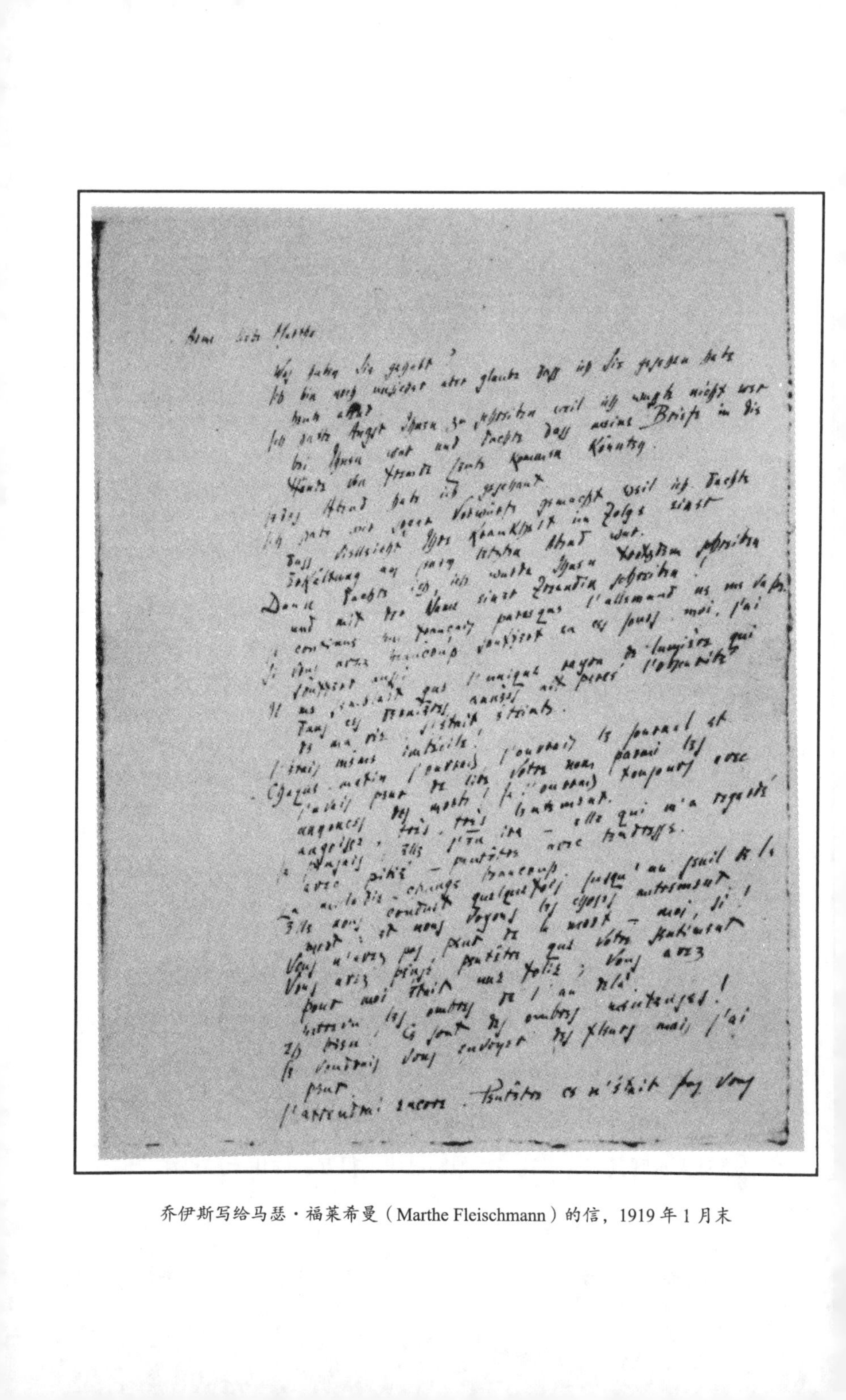

乔伊斯写给马瑟·福莱希曼（Marthe Fleischmann）的信，1919 年 1 月末

que j'ai eu ?
J'ai vu mon livre de poésies dans votre main.
Est-ce que vous avez compris ?
J'ai senti quelque chose pendant votre maladie — quelque chose
de très amer qui a blessé beaucoup mes amis
Ah, j'ai souffert aussi de vous envoyer cette lettre ???
j'hésite encore avant de vous envoyer cette lettre ... d'une autre personne...
si elle tombe dans les mains
Tant pis
je mets cette lettre à la boîte.
je ne peux plus attendre !

J.

而要互称“吉姆”和“弗兰克”，并用亲昵的“你”（du），因为他经常向玛莎说起巴津，如果他们之间称呼过于正式，会让她觉得很奇怪的。

玛莎如约到来庆祝圣烛节和献殿节。圣烛节的蜡烛点燃之际，祭司说它们象征着启迪外邦人的光明，也象征以色列人的光荣。这番话似乎使乔伊斯的融合论有了充分理由。他点亮犹太烛台，表面上是为了让她更好地看画，实际上是为这幽会抹上犹太教和基督教的微光。他带着她看画，据巴津回忆，当乔伊斯提醒她注意那幅丰满的裸体画时，她娇嗔一笑。最后，乔伊斯送她回家。那天晚上他又与巴津见面，透露说：“我探索了女人身体中最凉和最热的部位。”格蒂·麦克道尔责备布卢姆：“你看到了我最下层抽屉里的全部秘密。”这种细致严谨的淫邪行为将在《尤利西斯》的“喀耳刻”一章中受到嘲弄。估计这次见面仅仅止于探索，巴津如此猜测，他了解朋友潜伏的性压抑心理。至于玛莎，她总是将自己和乔伊斯的这段往来称为“柏拉图式的爱”。一两天后，另一个朋友问乔伊斯为什么借烛台，他回答道：“为了做黑弥撒。”在“瑙西卡”一章中，布卢姆一边回味格蒂，同时想起另一个犹太节日逾越节说的话“明年在耶路撒冷”，并将两者合二为一，想着“让我看她明年穿裤衩回来”。

现在与玛莎·弗莱施曼再次见面已不可能。令人敬畏的“保护人”鲁道夫·希尔特波德风闻此事，给乔伊斯写了一封

威胁信。乔伊斯立即前去见他，向他保证什么都没有发生，并 78
把玛莎的来信全数交给他。希尔特波德怒火平息。不过，玛莎高傲又调皮的手段对他写作“瑙西卡”一章还是很有帮助的，他在寄她的明信片上写尤利西斯向瑙西卡问好，就证明了这一点。她腿瘸，忸怩，对柏拉图式恋爱喋喋不休，对他关注女性内衣有所反应，这一切都帮助塑造了格蒂·麦克道尔，而格蒂这个名字和她苍白的手则来自之前吸引他的格特鲁德·肯普弗。马利亚圣烛节的幽会、犹太献殿节和逾越节的装饰品都将派上用场。他意图中的不忠即便没有在他独特的生活中实现，倒也是被他的作品所用了。

这两件事让人感觉乔伊斯听凭塞壬诱惑，来为《尤利西斯》，无疑也为他自己寻找灵感。不过，贴近生活仍嫌不够。诚然他自幼就认定自己将成为艺术家，他也是希望作为爱尔兰艺术家为人所知。在这个意义上说，他曾是也终将是民族文学复兴的重要一员。尽管他说《芬尼根守灵夜》是全人类的历史，却也是被赋予鲜明的爱尔兰特色，在某种意义上说全书是同名爱尔兰民歌的一支阿拉伯风格曲。他九岁时的处女作（现已佚失），其主题同样极有爱尔兰特色，写的是查尔斯·斯图尔特·帕内尔（Charles Stewart Parnell）之死。他青年时代最强烈的文学热情也许是投在了詹姆斯·克拉伦斯·曼根身上，他称赞曼根是“爱尔兰的民族诗人”，“其脑后有这个国家的全部历史”，并把曼根作为自己的理想目标。他说：“对我而言，爱尔兰的一枚安全别针比一部英格兰史诗更重要。”但是真正吸引他的不是历史上的爱尔兰，而是未来的爱尔兰。乔伊斯深受流行中的爱尔兰文艺复兴讨论的影响，无论是《青年艺术家画像》的初版还是终版，即无论是 1904 年还是 1914 年，最后他都在想象中召唤一个全新的爱尔兰民族。

79 他作品中的爱尔兰民族性是一个显著标志。他告诉弟弟说，《都柏林人》是“我熟悉的生活的一部道德史”（1907 年 5 月 5 日），他给出版商格兰特·理查兹的信中说：“我的意图是写一章我国的道德史。”人们总以为乔伊斯无视道德；而他自以为是道德家。斯蒂芬·代达勒斯在《青年艺术家画像》的最后说了这番话：“我将百万次地去迎接现实的经验，在我灵魂的作坊里去锻冶我这族群尚未被创造出来的良知。”热衷搜罗讽刺的人，蜂拥进乔伊斯研究，却不愿严肃对待斯蒂芬这一明白表达的雄心壮志。然而，乔伊斯却是严肃对待的。他在 1912 年致妻子的一封言辞恳切的信中写道：“这一代的一些作家也许最终是在创造这个悲惨族群的良知，而我正是这些作家的一员”。他的作品迂回甚至文雅地迈向这个目标。从 1907 年到 1912 年，他为的里雅斯特的一家报纸撰写了九篇文章，以更为直率的方式向世人展示了祖国的困境。1914 年，他把这些文章交给罗马的一个出版商，却被拒绝了：很遗憾，因为它们本可以证实乔伊斯的“政治觉悟”，而这是他所敬重的屠格涅夫的品质。如果说他不属于任何其他派别的民族主义者，那么他就是自成一派的民族主义者。他的弟弟记录了他们在1907年4月的一次谈话；斯坦尼斯劳斯反对建立一个自由的爱尔兰，理由是自由会让爱尔兰变得令人难以忍受。“你的政治观点究竟是什么？”乔伊斯问道，“你难道不认为爱尔兰有权自治，而且有能力自治吗？”1912年，乔伊斯以爱尔兰作家的身份拜访新芬党领袖阿瑟·格里菲斯——后来的爱尔兰首任总统，希望后者帮助他找到一家爱尔兰出版商出版《都柏林人》。格里菲斯无力相助，但他怀着崇敬之情接待了乔伊斯。

作为爱尔兰艺术家，乔伊斯可能瞧不起文学界的同胞，嘲笑他们的神祇不如他的伟大。然而在自己的艺术面前，他十分谦虚。他有不少往往被认为小作家才会有的自我怀疑。虽然他的处女作是一部诗集，但他并不引以为傲，甚至在1909年向帕德里克·科拉姆（Padraic Colum）否认自己是诗人。当然，他并不喜欢别人同意他这种自我评价；1920年代末，埃兹拉·庞德劝乔伊斯把新写的诗跟家庭版《圣经》归在一起，因 80
此大大得罪了他。但乔伊斯把这些诗发表了，不过低调地给诗集题名《一便士一首的诗》。他认为抒情风格是他在艺术中自我揭示的重要部分，但他淡化了抒情的重要性，像一个人不愿意在那件事上孤注一掷。《芬尼根守灵夜》前几章受到的批评对他影响颇深，他甚至考虑将此书交给詹姆斯·斯蒂芬斯[1]去完成。至于《尤利西斯》，他曾对塞缪尔·贝克特说："可能我把《尤利西斯》过度系统化了。"但事实上乔伊斯具有但丁般的成熟技巧，使系统化的东西看上去完全如同即兴之作。

乔伊斯在创作处女作诗集时，希望能一举成名，但他坦承并没有把握。他这样对弟弟说起《都柏林人》："这些故事无疑写得很好，但是，毕竟，也许很多人同样能做到。"他的自传体小说甚至催生了更多顾虑。他以《英雄斯蒂芬》为题写了大约二十章，但突然告诉弟弟斯坦尼斯劳斯说他正在修改书的规模，并重写开头几章，因为它们写得不好。而修改之后，他还是不满意。他决定彻底重来，原来计划写六十三章，现在改成只有五章。讲述斯蒂芬学前生活的第一部分被完全删去。他将从斯蒂芬入学开始写。主人公的名字代达勒斯将改为戴利。斯坦尼斯劳斯强烈反对所有这些改变。"告诉我，"他哥哥问道，"这部小说会是你呕出来的还是我呕出来的？"文学艺术中一个更令人反胃的比喻来自《芬尼根守灵夜》：弟弟指责山姆用自己的尿液和粪便调出一种釉料，并在唯一能找到的纸——他自

[1] 他曾经跟弟弟说："詹姆斯·斯蒂芬斯是我的竞争对手，最新出现的爱尔兰天才。"

己的身上写字。

把全书分成五章的决定没有改变。除此之外，新的版本几
乎没有让乔伊斯感觉更好。1907 年 12 月 15 日，他向斯坦尼斯
劳斯抱怨说：“这书和大多数学院故事一样以火车站开篇；里
面有三个伙伴，还死了一个妹妹来激发悲悯。这是老一套的伎 81
俩，一位优秀的批评家恐怕会指出，我甚至在故事里还跟欧洲
半个世纪前就被抛弃的老掉牙的人物纠缠。”斯坦尼斯劳斯竭
力安慰他。他说，不管怎么说，不是三个伙伴，而是五个。书
里妹妹伊萨贝尔死了，是因为现实中他们的弟弟乔吉死了。乔
伊斯承认：“我并非成心用老掉牙的人物，但我怕自己一动笔，
头脑就陷入读过的书的窠臼了。”斯坦尼斯劳斯记录下的这句
话最能够暗示乔伊斯摆脱窠臼、颠倒文学的决心。他的确做到
了，而且显然一开始就意欲如此。

这些话预示着他之后对《青年艺术家画像》的修改。他从书中删掉了妹妹伊萨贝尔。那就没有悲悯了。小说开头的火车站一幕显然是写斯蒂芬刚到克郎高士森林公学，也被删去。乔伊斯没有完全删掉斯蒂芬的学前生活，但精简到三至四页。婴儿意识的画面，形状、触觉和气味，虽不理解却清晰分明，牙牙之声开始回响，这一切都如此惊人，为威廉·福克纳提供了写作技巧，使他在《喧哗与骚动》中同样令人叹服地描摹了一个傻子的意识。在这序曲之后，我们也许会以为乔伊斯将按顺序展开叙述，但有迹象表明他不打算这样做。我们渐渐发现斯

蒂芬发了一场高烧，而我们在读的并不是已发生的一连串事件，而是一锅精心配制的大杂烩，斯蒂芬对早期学校生活和假期家庭生活的记忆，借着高烧造成的支离感和紧张感被呈现出来。直到第一章三分之二过后，乔伊斯才改变了这种紧张感，不仅表明斯蒂芬高烧已退，而且指出斯蒂芬对作为记录意识的自身孤立的恐惧。在《尤利西斯》中，乔伊斯使用了类似方法，让斯蒂芬回忆近两年的生活，但这次不是在高烧中，而是在悔恨中。

尽管他自己的生活为他提供了丰富的素材，但他在需要时坚决地偏离了自己的生活。第一章的高潮部分是斯蒂芬因遭多
82 兰神父不公正地罚打手心，向校长提出抗议。我们从乔伊斯向赫伯特·戈尔曼（Hebert Gorman）所说的回忆中可以知道这确有其事。但这绝不是乔伊斯在克郎高士森林公学遭受的唯一惩罚。当时的“惩戒簿”已经不完整，但是残存的几页记录显示乔伊斯在 1889 年 2 月到 3 月间至少有三次违规行为，当时他还只有七岁。他在 2 月因为上课没带书本而被打两下手心，3 月因为靴子沾泥而被打六下手心，同月因为“语言粗俗”而被打四下手心，而在后来的人生中，他犯“语言粗俗”的频率会越来越高。由于这三次惩罚理由还算正当，乔伊斯并未述及，只是写到多兰神父的惩罚很不公正。于是斯蒂芬成为受害者，英勇反抗耶稣会学校责打手心的不公正行为，而这将成为他青年时代反抗教会和国家的序曲。

1907年间乔伊斯一直在犹豫是否继续让他的主人公名叫代达勒斯。如果改成戴利，他就能在现实层面上写这本书，和他写那些都柏林生活的顿悟和故事一样。如果叫代达勒斯，他就不得不解释这个对爱尔兰人来说颇为奇怪的姓氏；他只能把当代人物与神话中制造翅膀和迷宫的能工巧匠联系起来。几年后乔伊斯会将自己的艺术形容为"闯入禁区的豪奢之旅"，而选择"代达勒斯"，放弃"戴利"，就是这样一次旅行。在最后两章中，他没有描写斯蒂芬从爱尔兰出走，而是表现了他走进神话。从表面看，斯蒂芬是与自我决裂，而从深层次看，他是在和古希腊神话中的代达罗斯[1]达成关联，使自己变成了神话中人。这一决定将乔伊斯引向《尤利西斯》。有人问他为什么在《尤利西斯》中如此明显地运用荷马史诗《奥德赛》，乔伊斯回答道："这是我的创作系统。"这一写作方式确立于1907年他抛弃斯蒂芬·戴利，迎来斯蒂芬·代达勒斯之时。

完成《青年艺术家画像》之后，乔伊斯彻底穷尽了塑造艺 83
术家主人公的可能性。他需要为下一部作品寻找新的灵感。而早在运用灵感之前他已开始寻找灵感，时间也是1907年。那

[1] Daedalus，希腊神话中的能工巧匠，曾建造一个迷宫，并曾自制翅膀，飞渡海洋。

一年他对弟弟说的一番话表明他将自己与易卜生——他年轻时的偶像——关联起来。“老易卜生总是像绅士一般写作。”他说，同时又说他自己将不会这样写作。1907 年 5 月 16 日，他评论道：“生活并不像易卜生所表现的那样简单。比如说，阿尔文太太[1]是母性代表等等……这当然很好也很了不起。如果那写于摩西时代，我们现在会认为很了不起。但是在世界的这个时代，它已全然不重要了。那也是英雄诗的一种遗风。”乔伊斯极力反对英雄诗。“对于我来说，”他继续说道，“青春和母性才是与我们同在的。”乔伊斯指着一个二十来岁、醉醺醺的小伙子，他是一个劳工，之前带着母亲走进乔伊斯和斯坦尼斯劳斯正在谈话的这家小餐馆，现在他母亲正要领他回家。小伙子几乎说不出话了，但仍在竭力表达对某个人的不屑。“我想把他脑海中的千头万绪写到纸上……”乔伊斯显然是在想象能用在《尤利西斯》人物身上的复杂意识。他继续说道：“绝对的现实主义当然是不可能的。我们都明白这一点……但是易卜生在他的十三部剧作中都完全不提钱的问题，也真够人受的。”斯坦尼斯劳斯接口反驳道：“也许有些人不像你那样满脑子想着钱。”“也许真是这样，老天作证，”他哥哥说，“但是我愿意让这样一个人来给我讲二十五次课。”

既然一位作家如此确信旧方法对他无效，那么《尤利西

[1] 易卜生剧作《群鬼》中的女主人公。

斯》从一开始就计划与所有先例决裂。“我给自己定下了一个技巧方面的任务，写一本书要从十八个不同角度，用十八种文体，所有都要是我的同行不知道或未曾发现的。再加上我选的故事本身的特点，应该足以把所有人的精神搞乱。”乔伊斯（他的精神没有被搞乱）告诉哈丽雅特·韦弗（Harriet Weaver）。他在《尤利西斯》中竭力给自己制造许多困难，他知道自己的天才将应付裕如。书名本身十分生硬地设定了神话背景，又从未像在《青年艺术家画像》里那样被提及。作者的 84
缄默让人生畏，而与《奥德赛》的关系也令人琢磨不透，其强度每一章甚至每一页都不同。乔伊斯像维吉尔那样专横肆意地对付荷马，保留其基本的象征，但根据自己小说的需要变化、删略、增加。在开头几章中，他认识到自己要描述脑海中千头万绪的野心，我们则第一次在文学作品中领略了所有这些的中断和迸发：关注、犹豫、部分回忆、心不在焉、性欲的激发与消退、饥饿感或恶心感、困倦、喷嚏、对钱的念头、对云和阳光的反应，以及社交和工作的复杂纠葛。乔伊斯的威力不仅体现在感觉的浓度，还体现在注入主要人物的诗意和幽默以及叙述者的强烈反讽。而提及这些特点使人想起另一些特点。涉及斯蒂芬·代达勒斯的前三章和涉及布卢姆的之后三章之间存在一个不同寻常的对位。不仅两人在同一天同一时间段里的反应平行呼应，而且事件的内在本质也平行呼应。所以第一章开头，壮鹿马利根端着盛满肥皂水的碗仿佛是端着圣杯，声称碗里的肥皂泡沫将变成基督的血和肉。第四章结尾，布卢姆则对这一奇迹表达了无言的嘲讽，他去茅房，把食物变成了粪便。斯蒂芬思索国家和教会都参与了迫害和施虐，而布卢姆则想到诱使信徒忏悔和请求惩罚的受虐狂心理。对施虐和受虐的明确描述似乎将两人联结在一起，尽管他们并未相遇。然后斯蒂芬在海滨散步，看见海浪堆积起碎片，悲观地想到从出生到衰弱再到死亡的人生历程。而布卢姆在上午的平行段落中，参加了一场葬礼，想到从死亡到腐朽再到重生的过程。我们以为的平行呼应，实际上是一个圆。

85 随着全书展开，这个圆本身受到质疑，时而被嘲笑。有序的主宰被混乱取代。最早几章中曲折建立起全部多样性的物质世界开始失去其表面的真实感。曾经清晰无疑的时间和空间发生动摇，几乎难以辨认。读者和叙述一样陷入焦躁和无意识思绪的纷纷意象。我们白天的自我几乎被这个夜晚淹没。但是乔伊斯依然如在有序的前几章中一样，牢牢控制住了所有无序。最后他把我们的世界还给我们，有些破败，不再是建立在原处的确信无疑之上，而是建立在面对怀疑的肯定之上，因为整个世界悬浮于虚空。而当他为小说的物质性得意，并在最后安排了一场据说充满肉欲的独白时，我们却在读完莫莉·布卢姆的自语后发现，她和哈姆雷特一样并无肉欲，对她来说也是思想影响一切。她在独白中十分勉强地承认，丈夫认可她的智慧、音乐天赋和内在天性，比她的情人一把火鲍伊岚（Blazes

Boylan）好得多。她给了布卢姆最高赞美，一个男人难得从女人那儿得到的赞美：“我明白他理解或感觉到一个女人是什么。”珀涅罗珀认出尤利西斯，不是因为他的伤疤，而是因为他的想象力。尽管乔伊斯诙谐地说莫莉可以肯定总是一具肉体，但她并非等同于无意识、大自然或生育能力。她的情爱生涯是有限的。她交媾很少，深思很多。没有头脑，肉体难以存在。莫莉也许不能像布卢姆那样客观地思考问题，但她具有相当敏锐的实用智慧。她其实同样理智——这是一个一生中说了女人很多坏话的作家给予她的意想不到的伟大赞誉。

乔伊斯把自己的作品看作精神旅行的驿站。他最后的《芬
尼根守灵夜》一书甚至更是“闯入禁区的豪奢之旅”，因为它
侵入了语言本身的领地，一片其他作家从未染指的领地。但丁 87
迫使意大利文学不用拉丁语而用本国方言。乔伊斯发明的“芬尼根守灵夜语”并非意在如此彻底地改变文学，虽然它不乏模仿者。他希望的是找到一种合适的媒介来描写夜的世界、梦的世界、无意识的世界、疯狂的世界。在这样的氛围中，任何形状、任何事件、任何文字都不可能毫发无损。诚如他在一封信里所写：“每个人生命中很大一部分所处的状态都是无法用完全清醒的语言、固定刻板的语法和不断推进的情节来清晰表现的。”每个人都会体验这另一种状态，但乔伊斯也想象了一部

乔伊斯，1933 年左右

"通史"以表现人类的夜的世界。这夜的世界总是与暗黑的幻想关联，但从未有人描述过它的作为。人类之夜的主要工作——不由自主的、偶发的、半梦半醒的劳作——是永不停息的语言的消解创造和再创造。没有人知道为什么会有口误。我们入睡时说拉丁语，醒来后说法语。词汇解体，结合了不可思议地从其他语言引入的词汇，跟自己的成分玩文字游戏。在闭上眼睛的一瞬间，红玫瑰（red rose）成了红鼻子（red nose），凤凰（phoenix）变成了结尾（finish），葬礼（funeral）变成了众乐（funforall）。乔伊斯坚称他严格按照语音学的规则写作，唯一的不同是，他在一个虚构之夜就做到的事，语言也许要经过几百年缓慢变化才会出现。他对朋友雅克·梅尔坎东（Jacques Mercanton）说："我按照巨匠造物主创造世界的方式，在一成不变的精神情境的基础上，重构夜的生活。唯一的区别是我遵守了我并未选择的规律。而他呢？"（他没有说下去。）人们抱怨他因情境而用的双关语太浅薄，对此他说了那句著名的回答："是的，我的一些方法属于前三艺[1]，还有一些方法属于后四艺[2]。"人们说他的双关语太过孩子气，他欣然接受这个似是而非的指责。他为自己没有长大而骄傲。他说自己在青春期没有

[1] trivial 为双关语，一义浅薄的，琐碎的，一义源于 trivium，中世纪学校文科的三门入门学科：语法、逻辑学、修辞学。

[2] quadrivial，源于 quadrivium，中世纪学校文科的四门高阶学科：几何、天文、算术、音乐。

变声。“那是因为我还没有发育。如果我已经成熟，就不会这么投入地写疯狂的《进行中的作品》[1]”。保持童心使他得以进入被成人抑制的世界。

88 就这样，乔伊斯彻底改变了文学，它再也不可能回到原状。他重组了外在和内在的叙事；改变了我们对于白昼意识和夜间无意识的观念。他使我们重新思考语言，它是无意识想象的产物和激发者。这一切对他来说不是实验或者创新；他没有把自己看作是实验者。毋宁说，这一切是他对于给自己提出的文学和智识问题的答案。

而乔伊斯决心改变我们考虑自己和他人的方式，改变我们阅读的方式，尽管这决心需要最复杂的方式才能达成，但是他始终坚持认为，他的手段是一回事，用意则是另一回事。复杂本身不是一件好事。“你难道无法发现我所有伪装背后的简单吗？”他在私奔之前这样问妻子。他反对奴性和卑劣；他认为那是由传统的英雄主义观念催生，将活生生的男男女女变成模拟像。他希望他们认识自己的本来面目，而不是教会和国家教他们接受的自我形象。他赋予我们所共有的生活以尊严。诚如他给弟弟的信中所说：“不管怎样，我的观点是：如果我将水桶放入自己的灵魂之井，性的方面，我提起的不仅是自己的水，还有格里菲斯、易卜生、斯凯芬顿、伯纳德·沃恩、圣阿

[1] 指《芬尼根守灵夜》。

洛伊修斯、雪莱和勒南的水。我准备在长篇小说里这样做（也会做其他的），在上述或生或死的各位面前狠狠扔下水桶，看他们有多喜欢它：要是他们不喜欢，我也爱莫能助。”不过，他并非对人们普遍拥有的其他那些品质、兴高采烈和激情洋溢的瞬间无动于衷，这样的瞬间因为罕有而弥足珍贵。

他没有提出个人要求。“一个德行不高的人，容易奢侈和酗酒。”这是他对心理学家荣格所做的自我描述。他否认自己的天才和想象力，只是坚称自己写作时，头脑尽可能接近正常。（1907 年 11 月 10 日）他希望给同时代的人，尤其是爱尔兰同胞，一面擦得锃亮的镜子，让他们能好好看看自己，而不是毁了他们。他们必须认识自己，才能更有自由和生气。剪断了常规和习俗的束缚，我们还剩下什么？我认为我们不仅仅是 89
李尔王所说的“两脚动物”。我们有创造和使用语言的能力，我们有感情和不满，我们还有幽默，让我们顿悟与他人的相似。这种相似既见之于悲哀也见之于欢乐之时。正如乔伊斯及其英雄斯蒂芬·代达勒斯以不寻常的热情所表明的，文学的功能是对人类精神——无论痛苦还是嬉闹——的永恒肯定。当他的作品将这样的景象放在我们面前，我们会流下他所谓的“带笑的泪”（laughtears）。

塞缪尔·贝克特

塞缪尔·贝克特：乌有之乡的无名人物

塞缪尔·贝克特是一位与众不同、独树一帜的作家，自 91
信且自成风格。虽然如此，仍然能将他与那些爱尔兰前辈相提并论。正因为他的作品，他们才呈现不同面目；而正因为他们的作品，他才可能看来不像初出茅庐时那样无所归属。虽然贝克特不像叶芝和乔伊斯那样引起人们对他爱尔兰国籍的关注，但他的作品往往会充满温情地提及一些出人意料的关于爱尔兰的细节。比如，他在处女作诗歌《婊子镜》里，引入了十七世纪都柏林的布特兄弟，为的是表彰他们敢于反驳亚里士多德。他的人物莫洛伊突然说道："在我的世界里，达（Da）是父亲的意思。"而莫洛伊这个名字使我们想起贝克特对最常见的爱尔兰姓名的钟爱，尤其是以 M 开头的姓名——莫菲（Murphy）、莫洛伊（Molloy）、莫兰（Moran）。在他的短篇小说《嘶嘶声》中突然出现爱尔兰语词 deasil（意思是“顺时针方向”），令我们想起这也正是《尤利西斯》“太阳神牛”一章的第一个词。贝克特将自己的作品翻译成英语时，喜欢让词具有爱尔兰语的词形变化。当有人问他是否英国人时，他回答“根本不是”（Au contraire）。年轻时就决定离开爱尔兰，使他有资格时不时表露自己的爱尔兰人身份。贝克特二十二岁从都柏林移居巴黎；二十六年前，二十岁的
92 乔伊斯也曾踏上同样的旅程。同样关键性的离乡之举也发生在叶芝和王尔德身上，叶芝二十二岁时从都柏林来到伦敦，王尔德二十岁时从都柏林来到牛津。对于这四人来说，地理上的迁移都象征着从已知到未知、在陌生环境里重塑自我的尝试。

贝克特 1928 年到达巴黎时，他也许认为文学的主要前哨已被人攻陷，其中一些占领者是他的同胞。他尽管反对叶芝故作姿态——因为贝克特讨厌故作姿态——但他不由得发现，叶芝时常提及自己的衰老，其晚期诗作和散文却与此大相径庭。贝克特不久就在巴黎认识了乔伊斯，乔伊斯已重构散文叙述方式，因为不满英语的词根修饰，正在用人类之前从未说过的语言发展出“圣词”（heavenly vocables）。自然还有来自其他国家的杰出人士，在相关的艺术领域里积极活动。贝克特并没有望而却步。起先他从事早就为自己规划好的学术研究。他用有倾向性的隐晦术语，撰文评论普鲁斯特和乔伊斯；他撰写，或者不屑于撰写评论法国文学的论文；他在巴黎高等师范学院做了

两年讲师后回到都柏林，任教于三一学院。

他的朋友们料想他是天才，但尚没有人知道他的才华将如何施展。他突然放弃了三一学院的教职，因为他发现，后来也会说到，他不能把自己都不理解的东西教给别人，而我们大多数人都会毫无怨怼地忍受这一障碍。他回到欧洲大陆，到处旅行，无所事事，其间吸收了多国语言，他陷于桃色纠纷，然后因为没有其他选择，如他后来爱说的“身陷绝境”，于是开始写作。这究竟是为了表达细微变化，还是为了驱除恶魔，也许他无法说明。但总之他开始了写作。起先他是写短篇小说的诗人，然后是写剧本的小说家。所有文体的创作——通常很难贴上传统文类的标签——都源自他的感受：作者与主题、与人物、与语言、与读者乃至与其自我之间的旧有关系已经不可信任。每一次尝试更严肃的终极理解都需要借助更多的尝试；他对自己的追求方式感到不耐烦，随着 93
他努力接近对自我经验的整体表达，这种方式变得越来越怪异。他倒并不认为自己是在追求，因为这种追求者和追求对象的概念就属于以往的文学。相反，他偶然发现了自我存在的某些结果。他被创作的欲望疯狂控制，而不是按照特洛罗普式的计划进行创作。

我们都熟悉贝克特非凡天才的最初迹象。1938 年，他发表了第一部长篇小说《莫菲》(*Murphy*)。这部早期作品似乎可以说具有情节，不过如他所说，小说后面部分的情节被刻意设计成难以把握。莫菲这个人物在某些方面可以推知就是贝克特本人。莫菲在追求丰富，抑或这种丰富就是虚无？也许两者本就同一。贝克特所做的就是在这些悖论中安歇或不得安歇。一个必然的结果是贫穷和财富是同一回事，财富只是时间中毫无意义的停留而已，而时间本身也只是幻觉。与更早的短篇小说集《徒劳无益》中的主人公贝拉夸相比，这些悖论更是给莫菲提供了一种生活或者非生活方式。作为令人怀疑地就像不作为，存在就像不存在。小说开头，莫菲用七条围巾把自己捆在摇椅上，试图把自己摇到“世界之外的任何地方”（波德莱尔语），感觉摇椅翻倒了。身体的移位和精神的追求互相融合，仿佛这个世界在同一时刻战胜或被战胜。

贝克特一直告诫我们不要认为他的一生是一部充实的编年史，其实是一片暗沉的色块。他曾经说过，作家从来都不是有趣的。写笛卡儿的诗作《婊子镜》展现的是一段独白，破碎而晦涩。我们用来缓减不解和徒劳的安慰剂——爱情、雄心、勤奋，他并不满意。他同意约翰生博士所说（他开始写一部关于约翰生博士的剧本），生活最主要的成分是痛苦。他把笛卡儿的名言改成“我受难，所以我可能存在”，仿佛苦难标志着存在但并不确定存在，仿佛思考是绝无可能的。他不仅为自己受难也为他人受难。他的人物贝拉夸为扔进沸水锅的龙虾难过，而贝克特充满友善的同情则超越了甲壳动物。四十多年后，他
94 仍在哀悼那些被纳粹杀害的犹太朋友，仿佛屠杀刚刚发生在昨

天。《等待戈多》中的艾斯特拉冈原来叫做莱维，这暗示了剧作的一些情感渊源，不过，剧作的最终形式的确仍然包含这些渊源。贝克特把最近的剧作《收场》题献给持不同政见者捷克剧作家瓦茨拉夫·哈维尔，表明他认为恐怖在后纳粹时代继续存在。

《莫菲》和二战期间用英语创作的长篇小说《瓦特》都把人物带入了精神病院，仿佛只有在那儿，人的姿态才近似其环境。贝克特是在为他所谓的“混乱”寻找一种形式。混乱可能被表达，甚至可能被缓解。欧洲的战争甫一结束，他就有一次特别经历，后来被他尴尬却又固执地称为“启示”。那是 1945 年夏天，他回爱尔兰探望母亲。在她的住处，与他从小生活的“库尔德林纳”一街之隔的“新地”，他突然意识到自己未来创作的面貌。跟大多数的顿悟不同，这次顿悟并没有出现新的天堂和土地。毋宁说是某种地狱般的东西。我们之所以知道顿悟是什么，部分是因为贝克特自己在剧作《克拉普最后的一盘录音带》里讽刺过它。这部剧巧妙地安排了克拉普的双重视角，年轻的克拉普用录音带记录所得，年老的克拉普则对他早年的自命不凡深感恼怒，急切地只想听录音带里一段对于放手的恋情的回忆。克拉普找到第三盒第五盘，听很久以前对一段重要经历的自述（就像贝克特本人所做的那样）：

> 整整一年精神上的深重阴郁和穷困，直到三月那个难忘的夜晚，在栈桥尽头，咆哮的狂风中，永远不会忘记，我突然间看清了一切。最终的景象。我想这是我今晚主要应该录下来的东西，以防有一天我的工作将要完成，而记忆中也许没有留下任何空间，温暖或寒冷的，给那个奇迹……（欲言又止）……给点燃奇迹的火焰。我突然看清的是，是我一生都在追求的信念，那就是……

97 听到这里他不耐烦地把录音带快进，但快进得不多，因为我们听到录音中说“我一直在奋力压制的黑暗，实际上是我最……”，这时他再次快进。后面的录音肯定会是“我一直在奋力压制的黑暗，实际上是我最”有效的同盟（或者最重视的同伙）。克拉普真正想听的不是自己的启示，他对此已不再有兴趣，他想听的是一段船上的情爱瞬间。他把录音带快进到那里，仔细聆听。录音带无情地转过去：

> 我就此结束这一盘。第三盒，第五盘。也许我最好的年华已经消逝。那时有过一次幸福的机会。但我并不想让它们回来。不要回来，我现在心中还有火焰。不，我不想让它们回来。

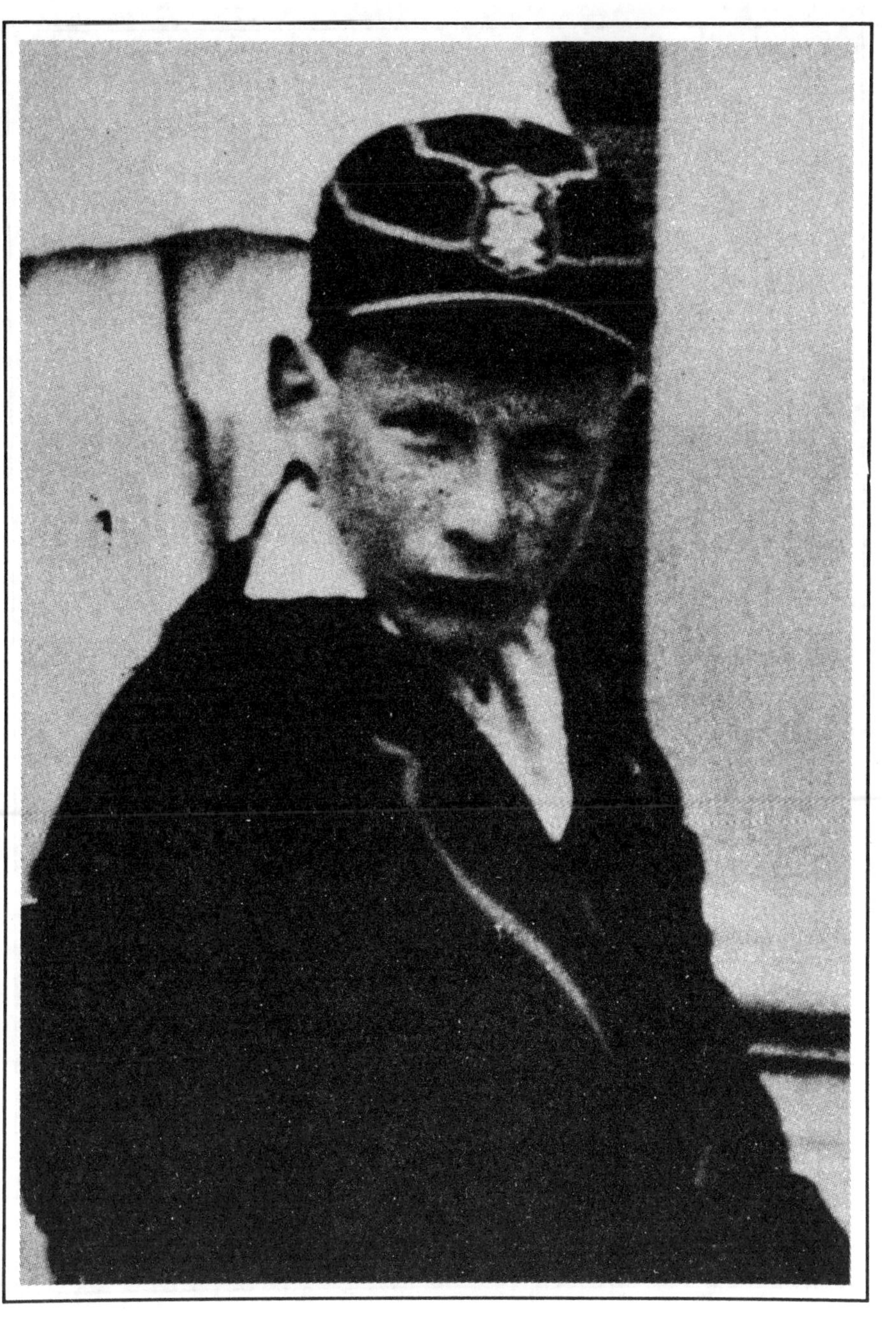

贝克特在恩尼斯基林的波托拉皇家学校

位于都柏林郊区狐狸岩的宅子“库尔德林纳”，贝克特长大的地方

便秘的克拉普——吃香蕉、转录音带的克拉普——当然会为了年华回来而付出一切。创造之火，如果真的曾经有过，也久已熄灭。贝克特在此以自残式的反讽来纪念他本人也曾经历过的那个做出关键选择的时刻。

他给艺术创作新动机的标签是穷困或者贫乏。他的人物不仅被剥夺了金钱，而且被剥夺了青春、健康和坚韧。我认为他对于年老、体弱和萎靡者感兴趣并非因为他们自身，而是因为他可以通过他们接近经验的底部，到达举止和姿势之下。他的作品也将对文学仅有的可取之处弃置不顾。自巴尔扎克以来，小说家们都以堆积细节为荣。贝克特并未宣布与之决裂，不过，尽管他说到使用这一手法，但他所用到的细节，比如咂石子，实在微不足道，我们几乎不会注意。而各种床、椅子、宠物、自行车、屁以及食物孤独地出现。家具不一定是路易十五时期的，但确实存在。只有在一个方面，他出人意料的奢侈，那就是在语言上。他使用让读者不得不查字典的艰涩词汇，最终证明都恰到好处。他不允许陈词滥调或老套表达在他笔下轻易通过。他的句子也许是在描述支吾结巴，但句子本身经得起
检验。仿佛是为了对抗人物的堕落，他的语言经历了彻底的新 98
生。除此之外，他写的都是怯懦者。他对做作和自负的厌恶促使他避开高昂的和弦，而选择渐弱音。没有制作者和塑造者，没有行动或事件；只有渣滓、碎片、残骸、丢人现眼的胜利。这是接近存在核心的一种方式，即最少的虚假就是最多的

真实，即如在热内[1]那里，最贫穷的就是最富有的，或如在卓别林那里，最痛苦的就是最滑稽的。在《徒劳无益》中贝拉夸问自己："该笑还是该哭？……最终都是一回事儿。"或者如奥斯卡·王尔德所说："生活的喜剧有一种荒谬的恐怖，而生活的悲剧似乎又以闹剧告终。"这两种元素彼此增强。

贝克特的顿悟固然非同寻常，他的爱尔兰前辈似乎也都经历过类似的幻象般关键时刻。每一位的具体日期很难找到，也并不重要。乔伊斯的时间早于贝克特，就是他发现"显形"的时候，一个跟"启示"同样自负的词。显形是对某个刹那突然而不虚浮的曝光和揭示。作家既不编造也不解释，只是领悟其形状。这样的刹那也许包括梦境和抒情宣告，偶尔也可能出现丑陋和粗俗的事物，比如当票或粪便。显形赞美平凡，并且自然地引出内心独白，在内心独白中，对一个场景本质的表达似乎不再有之前的秩序，显形被个性化了。通过显形，乔伊斯发现了一个不宜提及和不值得提及的世界。贝克特的顿悟引领他将不宜提及的世界扩展到活力衰弱的世界。

王尔德和叶芝似乎也有同样的启示瞬间。王尔德刚进牛

[1] Jean Genet（1910—1986），法国小说家、剧作家、诗人，代表作有《小偷日记》《阳台》等。

津大学时，责备自己抱负高远的同时却又感觉深切。这个问
题在他身上的具体表现就是，他既渴望皈依天主教，又希望 99
成为异教徒。他责备自己竟然屈服于这样自相矛盾的冲动。但然后在某一刻他发现自己也许可以两者都选而不是仅选其一，他可以过一种双重生活而避免自己个性的一个领域被封闭。他获得了波德莱尔希望得到的勇气，思考自己的本性而无厌恶之感。他的同时代人也许拥有他们决策和顺从的世界，但在拥有这个世界的同时，他们不得不摒弃另一个秘密冲动和隐匿怀疑的世界。在某个时刻，王尔德渐渐明白，经验的这一秘而不宣的方面也许包括性偏离，而偏离成了他自我接受的象征。仿佛每一种陈述，如同每一种嗜好，都带有自身的矛盾。承认这一点就等于明确了一种新的洞见；向他人展示它的最佳方式是悖论式的隽语。悖论不断指出在普遍接受或习以为常的背后到底是什么。和贝克特一样，王尔德迫使我们看透随意的相反事物的表层，同时保持它的结构完整不变。到三十二岁时，他对同性恋、名言警句和艺术洞察力的看法已经融汇成一种行之有效的方法，他的杰作佳构由此产生。只有当他投入双重生活、双重观念时，他塑造的人物才能揭露或发现他们并不是表面看来的样子。所以温德米尔太太能够完全无视她的固有原则；阿尔杰农和杰克能够为他们自己设想另一种生活；道连·葛雷能够明白双重人生是一种折磨。乔伊斯最终觉得必须创造新的语言，王尔德并没有如

此，但他发展出另一种英语，以其紧凑简洁和出其不意挑战庄重严肃。

叶芝究竟何时开始意识到自己的本性和方向的就更难确定了，但他的朋友乔治·拉塞尔（George Russell）说，1884年叶芝十九岁那年看到拉塞尔一幅一个男人站在山上的画就异常激动，觉得那就是他自己在浓雾中的形象，因为大为震惊。这预示着他终其一生对于自我和反自我、或姿态和伪装的探寻。进一步说，它包括了精灵、鬼魂、妖魔和这世间万物影像的所有侵蚀。戈蒂耶说可见世界是为他这样的人而存在的；而叶芝则知道，不可见世界是为自己这样的人而存在
100 的。只不过那个不可见世界所处的状况，他永远无法明确表述。它不像王尔德的双重生活，因为就叶芝而言，他没有两种性取向，只有衡量现实的两种标准。为了全面表述越来越强烈的分岔感，他需要一套新的词汇和句法，而这一切是在他将近四十岁时锻造的。

贝克特找到的新语言却是一门旧的语言——法语。再次离开爱尔兰之前，他曾经历丹莱里顿悟，之后便用法语开始创作小说三部曲。选择语言意味着完全不同的表达方式以匹配他正在形成的文学新形态。他的大胆举动几乎是前无古人。这使得他完全独立于文坛先辈。他这决定的激进程度仅次于乔伊斯发

明恣肆的“芬尼根守灵夜语”。由于法语表达上的不足，贝克特不得不弃用母语写作者得心应手的所有联想，这削弱了他自己的力量。他曾说，用法语写作就能不受缚于风格，然而事实上他用外语形成了一种新的风格。

小说三部曲《莫洛伊》《马龙之死》和《无名的人》表现主人公和他们生活的世界一道萎去。甚至连他们的名字也变得模糊不清直至最后消失。他们是否曾经活过也值得怀疑。贝克特的怀疑所及就是大卫·休谟探求却宁可抽身而出的问题。莫洛伊讽刺道：“我醒着就是一种睡眠。”马龙承认说：“我活在某种昏迷中。”无名的人说：“让我们继续，就像我是世界上唯一的人，但我其实是唯一不在的人。”大多数作家全力填充虚空，贝克特的创作却是让它再次虚空。无名的人说：“我不能继续，我要继续。”有些人把这句话看作辛梅里安[1]黑暗中的一线希望。为了否定这种理解，尽管这否定很难成功，贝克特还是在最近出版的作品最后写道：“无法继续”。

贝克特的人物往往是跛子，生活在没有火车和有轨电车 103
可乘的世界。他们往往上了岁数，而且大多是病人。疾病和老年向来不是讨人喜欢的文学主题。斯威夫特在《格里佛游记》里刻画了老弱无能的斯特鲁布鲁格人，而他们都不说话；贝克特的斯特鲁布鲁格人则几乎不做其他事。他最近作品

[1] Cimmerian，希腊神话中住在永恒黑暗中的辛梅里安人。

《看不清道不明》中的说话者希望在咽气之际最终可以“知道快乐”。也许还没有人能像贝克特那样把病弱的感觉写得那么精彩。他让老弱病残、不善表达、走投无路的男男女女发出自己的声音，不再故作姿态或装腔作势，不再要求有意义的生活。他似乎想说，随着新陈代谢下降，只有在当时当地，在上帝的匮乏而不是丰裕之中，才能触及人类生存状况的核心。这些羸瘦傻老头穿着拖鞋，拄着拐杖，呆若木鸡，垂头丧气，不再有来自肉体活力的幻想。无论是主观世界还是客观世界都无法支撑他们面对衰老。“我说，我。不相信的，”无名的人说，“它，说它，不知道是什么。”在《向着更糟去呀》[1]里，一个老人和一个小孩的身影迟疑地出现。“任何其他人也一样糟。”文本透露道。在贝克特最近创作的三部作品的第一部《陪伴》里，伴侣被想象成不可靠的存在，他们很快消失，只剩下想象者，回到最初的状态：孤独。想象发现意象建构了一个没有意象的世界。

1940 年代，贝克特完成了小说三部曲，尽管我们（如果我们是真正的贝克特读者）只能称之为未完成作品，此外还写了两部剧作。第一部从未发表，不过我们可以从鲁比·科恩的描述中大致了解。它题为 *Eleuthéria*，即希腊语的“自

---

[1] *Worstward Ho* 是贝克特的一个短篇，书名是对查尔斯·金斯利小说《向着更西去呀》（*Westward Ho*）的戏仿。

贝克特，1930年代

29 janvier 1949

《等待戈多》手稿最后一页

由”。贝克特使用这样一个词必然是出于讽刺，极有可能来自在迈索隆基翁为希腊人自由而斗争的拜伦。全剧围绕一个年轻人，也许把他刻画成一个反艺术家，生动展示了这一形象。这位主人公并不渴望通过沉默、流放和狡诈来为其族群锻造良心。他希望得到的自由仅仅是摆脱这个世界和他的自我。这种自由他永远无法获得。如他所说，他身上镣铐摩擦的微弱声音将是他能获得的最大自由。贝克特肯定是想写一部反
成长剧（Bildungspiel），不是塑造形状而是失去形状，不是教 104
育而是剥离教育。（雪莱《解放了的普罗米修斯》中的冥王告诉我们：“深奥的真理完全没有形状。”）贝克特将该剧束之高阁，也许是因为它太像是跟乔伊斯的《青年艺术家画像》唱反调了。过了一段时间，他开始创作《等待戈多》，仍然使用法语。在《等待戈多》中，无疑乔伊斯的影响被否认了。如果说《自由》表现了人和人关系的消解，那么《等待戈多》则表现了人和人关系的徒然持续。在贝克特的小说中，酷似或接近酷似的人物可能出现；而他在剧作中通常塑造一个由潦倒者、小丑和虚无主义者组成的更加斑驳多变的世界。他们生活的这个荒凉而滑稽的世界具有和小说一样的恶劣天气。人物在你来我往的对话中，抱怨现实和非现实、有意义和无意义的谜般混乱。

贝克特以《等待戈多》构建起自己的面貌和情绪。它们跟卡夫卡的一样令人难忘，只是不同的是，卡夫卡的人物都目

标明确地抗争，贝克特的人物则毫无目的地忍受。他们的等待，对其他人来说就是驱赶；他们踟蹰徘徊，不确定为什么。他们似乎就要发现为什么不该留在那儿。而和跟贝克特相似的卡夫卡和亨利·米修[1]一样，五种感官或多或少崩塌，但某种美感依然存留。“咱们来互相谩骂”和“咱们来互相反驳”是艾斯特拉冈和弗拉基米尔还愿意玩的游戏。他们对自己精通于此带有一种嘲讽的满足。在之后的剧作《终局》中，哈姆对自己说：“你呼唤夜晚，夜晚降临，现在在黑暗中哭泣，”然后称赞自己，“说得好。”此前他也称赞过自己的措辞。语言意识到语言自身。在小说三部曲中，马龙也祝贺自己表达出了一个问题：“提得好。我认为。真的很好。”能够表达出未来和现在一样无望，会有一种愉悦。面对难以忍受的现实，人们荒谬地找到一种表述。这一美感与贝克特的滑稽模式有关，即便是他最
106 令人痛苦的作品也常常加入这种滑稽模式。如此用心地细述苦痛，描述种种复杂后果，就是为了滑稽。莫洛伊有用来吮吸的石头，弗拉基米尔和艾斯特拉冈有靴子。

贝克特如此古怪，他相对于前辈的位置很难确定。贝克特在一篇评论画家杰克·B. 叶芝的文章中写道：“用自身存在打赌的艺术家从无处来，没有亲缘。”“无名的人”渴望“从无处、无人处、无物处重新开始”。读过王尔德、叶芝和乔伊斯，

---

[1] Henri Michaux（1899—1984），法国诗人、画家。

排练中的贝克特

并不能预见到贝克特将横空出世。而一旦他出现，我们自然而然会审视或重新审视他之前的作家。这时，一件奇怪的事情发生了。无论如何与他大相径庭，他们至少有某些兴趣似乎预示了他的兴趣。前辈作家的一些曾经较少被人注意的品质，被贝克特推到了显著位置。

在三位前辈作家中，王尔德虽然跟贝克特同属中产阶级，同样出生于新教家庭，并在同一所中学和大学就读，但两人差别最大。那个胸口别花、漫不经心的花花公子恐怕看上去和贝克特那些焦虑不堪的街头流浪汉毫无共同之处，而优雅和肮脏相反相成。藐视勤勉、无所事事是两者共同的行为模式。的确，王尔德的人物无所事事，因为他们喜欢这样；贝克特的人物无所事事，因为没有什么值得去做。也许这个差别并非微不足道。对于王尔德来说，生活的意义在于艺术可以在其中被创造，而在贝克特这里，创造的冲动即使得到认可，也是要被质疑的。

《克拉普最后的一盘录音带》里情欲和艺术追求的融合，与王尔德之间的不同也许没有想象中那么明显。王尔德也写过这样的融合，那就是狱中长信《从深处》——它可以被视为王尔德最后的一盘录音带。因为在《从深处》中，他作为 C.3.3（他的狱中代号）回忆奥斯卡·王尔德如何不可一世、自鸣得意、如愿以偿；又作为王尔德看着 C.3.3 如何穷困潦倒、卑躬屈膝。《从深处》中有大量反躬自省，有对成就的沾沾自喜，有许多懊恼悔恨，也有不少真诚鼓励。到最后，王尔德想起与阿尔弗雷德·道格拉斯重逢的欲念，把上面那些统统置于脑后，就像克拉普拼命把录音带快进到船上的情爱一幕。而除此之外，克拉普内心的热情已经熄灭；同样，王尔德此时回忆的中心是“生活的秘密是苦痛”。他把新近对生活的理解总结为 107
“失败、耻辱、贫穷、悲哀、绝望、苦痛、眼泪……”贝克特不可能知道，王尔德在雷丁监狱写《从深处》时，监狱长每天收走他写好的纸页，但在《莫洛伊》中，我们得知莫洛伊写的纸页也同样每周被收走。

生活的秘密是苦痛，王尔德并不是在监狱里才认识到的。从他的童话《快乐王子》到《道连·葛雷的画像》以及《莎乐美》中的希律王，都贯穿着痛苦的肉体和精神衰朽这一主题。希律王就像《终局》中的哈姆，在周围世界崩溃之际仍保留一种美感。（在《莎乐美》中，先知乔卡南从水槽中走出来，就像《终局》中克洛夫和内尔从垃圾桶里走出来，我提到这一点并非是说王尔德对贝克特有影响，而是说他们都能在奇异的宝库中看到戏剧性。）王尔德的一首散文诗[1]也许可以作为贝克特作品的铭文。诗中讲述一位雕塑家受委托完成一件名为“永恒的悲哀”的作品[2]。但他找遍所有的地方都找不到可以使用的青

[1] 指《艺术家》。
[2] 艾尔曼记忆有误，应该是名为“一时的欢乐”的作品。

铜。最后他想到自己曾经有一件题为“一时的欢乐”[1]的雕塑，于是将它熔化，用于铸造“永恒的悲哀”。[2]王尔德的故作姿态下隐藏着深刻的痛苦。

王尔德与贝克特之间最切近的关联应该是他们都以艺术为职业同时也是娱乐。他们那些一本正经的人物有典型的爱尔兰特点：悠哉游哉地聊天、抽烟、吃东西。他们总是有时间纠缠细节。弗拉基米尔和艾斯特拉冈之间的你一言我一语的俚语对话跟古希腊戏剧中的交互对白[3]有相似之处，这种参与游戏的自觉也类似于《认真的重要》里的赛茜丽和格温多琳，或是《一个无足轻重的女人》里的伊林沃兹勋爵和阿朗拜太太。阿尔杰农的黄瓜三明治或者《作为艺术家的批评家》中吉尔伯特的圃鸸鸡，在贝克特作品中可以找到较为粗鄙的对应食物：克拉普的香蕉、弗拉基米尔的胡萝卜。两位作家都突破了叙述的表层，使陈词滥调
108 焕然一新，比如把耳熟能详的“as well”（也，又）改成“as ill”（同样糟糕）。“掉了一条腿，”无名的人问道，“比起应该乱放另一条腿，更可能发生的到底是什么？”在《认真的重要》中，布雷克耐尔夫人对杰克说：“（父母）要是有一个去世了，还可以说是不幸。两个都去世了，似乎就太不小心喽。”两位作家都热

---

[1] 应该是“永恒的悲哀”铜像。

[2] 王尔德原文里是雕塑家用了“永恒的悲哀”来雕塑出“一时的欢乐”。

[3] Stichomythia，古希腊戏剧中为增强紧张气氛或人物冲突而使用的简短交锋对白。

衷于玩文字游戏，所以“向着更西去呀”可以变成“向着更糟去呀”，就像形容词“认真”（earnest）变成了名字“欧内斯特”（Ernest）。语言的双关连接着身份的双关。道连·葛雷及其画像，《W. H. 先生的画像》中被认为是威利·休斯的画像以及莎士比亚那首关于一切美色的十四行诗[1]，是视觉也是语言上的双关。创造可替代交替出现的自我是两位作家的主要工作。贝克特曾经说过“替身的存在”。他笔下的替身有时很幽默，像《莫菲》里的皮姆（Bim）和伯姆（Bom），也可能很邪恶，比如《怎么回事》的主人公恶意虚构出皮姆并折磨他，《无名的人》里的沃姆（Worm，意为可怜虫）和马胡德（Mahood）是主人公两个面目模糊的仿冒品。

一个更为深刻的相似之处是两位作家都有一种或可称为自动抵消的特质。他们考虑一种可能性，不可能不考虑其反面，承认反面的同等诉求。王尔德在一首十四行诗[2]里改写了佩特的一句话（“既非由于耶和华，也非由于他的敌人”）来描述自己：“既非由于上帝，也非由于他的敌人。”贝克特则在《嘶嘶声》中引用过同一句话，他写道：“灰色无云的天空处在那些既非由于上帝也非由于他的敌人的人灰色永恒的空气之上。”王

---

[1] 指莎士比亚的第二十首十四行诗，其中的第七行 A man in hew, all Hews in his controwling 中，hews（美色）一词，与威利·休斯（Willie Hughes）的姓 Hughes 发音相同。

[2] 指 Theoretikos，冥想之歌。

尔德在《面具的真理》一文最后承认并非相信自己说的每一句话。他宣称：“艺术的真实在于其反论也是真实的。”这篇文章呼吁戏剧的舞台呈现应力求考古方面的准确，而实际上这与他在另一种情绪下所说的“考古开始之处就是艺术停止之时”抵触。而贝克特既怀疑虚构也怀疑事实，他让小说人物莫洛伊这样结束冗长独白：“接着我回到房间开始写作，正是午夜。雨水打着窗户。那时不是午夜。那时没有下雨。”肯定与否定携手同行。《道连·葛雷的画像》里，西碧儿·韦恩不再相信艺术的虚伪，以致在这世上过完全没有艺术的生活，最后自杀；而道连·葛雷试图放弃所有的生存条件，生活在不朽的（因而
109 是毫无生命力的）艺术世界里，最后也是自杀。当王尔德为了艺术的完美，而否认自然、经验和普通自我，他是在暗示：奸巧迫近虚无的边缘。向一个人否定现实，就很难再向另一个人肯定现实。当他声称面具比脸更真实时，则两者的可靠性都成了问题。“所有那些莫菲们、莫洛伊们和马龙们都骗不了我。”无名的人说。十九世纪唯美主义中潜伏的怀疑是，唯美主义的建构也许只是气派的虚假门面，层层叠加的虚构只是为了掩盖内在的荒芜，王尔德像贝克特一样将这荒芜视为苦痛。王尔德认定：“所有成功都有一种粗俗。最了不起的人会失败或似乎已然失败。”贝克特也认为：“做艺术家就意味着失败，因为其他人都不敢失败……”在这方面，王尔德无意中为贝克特更加公然地贬低生活和艺术做了准备。

作为文学人物的王尔德只是在身陷囹圄、其痛苦从隐秘变成公开之后，才会激起贝克特的同情。王尔德毕竟属于上一个世纪。贝克特更崇拜叶芝，叶芝成功完成了从十九世纪作家向二十世纪作家的转型。在叶芝的诗歌中，贝克特有明显偏爱。叶芝早期的诗歌能唤起贝克特所谓的“遥远、隐秘、不可侵犯的玫瑰精油”，他建议改为“好闻的粪便”。叶芝这次从善如流，因为他在后期诗作中引入了诸如“蛙卵”“旧酒瓶、大堆破烂，还有一只破罐子”以及“排泄物”。不过，贝克特在叶芝的早期作品中准确挑选出一首最不寻常的诗，题目为“他愿所爱已死”。诗中的情感正是贝克特在自己最精彩的四行诗中重新表达的：

我想让我的爱人去死
让雨水滴落在墓地上
滴落在逛街的我身上
哀悼那个唯一爱我的人。

最后一行的法语原文是：pleurant celle qui crut m’aimer，“哀悼 110
她，她认为她一直爱我”。叶芝不可能写出这样的句子，因为不仅他的爱人甚至不认为自己爱他，而且他也不会用这么吹毛求疵的想法来结束一首诗。怀疑——贝克特喜欢用更为艰涩的术语 aporia——对叶芝而言是如果可能就应该超越的。贝克特追求反高潮，就像叶芝追求高潮。

贝克特和叶芝只有一面之缘，在都柏林南部的基拉尼，由托马斯·麦格里维介绍。1932 年的这唯一一次见面中，叶芝称赞了《婊子镜》中的一节，令贝克特大为惊讶。叶芝引用的这一节写了笛卡儿对圣母马利亚的态度：

> 邪恶之风将我安逸的绝望
> 掷向一位女士尖尖的塔顶

对男性的绝望爱情和女性残忍的暗示以及令人震惊的意象也许给叶芝留下了深刻印象。作为酬答，贝克特后来引叶芝《雕楼》中的诗行来题名短剧《……不过像云霓……》(*... but the clouds ...*)，并写入剧中。在叶芝的诗中这句话是某种重要遗嘱的一部分：

> 我现在要整理灵魂
> 强迫它去一所博学
> 学校研习学问，
> 直到肉体的坏灭，
> 血液的逐渐枯干，

狂躁的精神失常
或迟钝的老朽衰年，
或什么更坏的情况——
朋友之死，或是
每一个令人气短的
明媚眼神之死——
看起来不过像地平线
隐没后天上的云霓；
或渐渐深浓的荫影间
一只鸟困倦的啼鸣。[1]

贝克特略去了整理灵魂和下定决心的内容，聚焦最后几行。在
他的剧作中，一个男人试图唤起记忆中一个女人的形象，类似 112
叶芝毕生爱慕的茉德·冈，她不时出现在屏幕上，喃喃吟着叶
芝诗歌的最后几行。最后，那个男人大声吟诵出：

……不过像地平线
隐没后天上的云霓，
或渐渐深浓的荫影间
一只鸟困倦的鸣啼。

---

[1]《叶芝诗集》第 424—425 页，傅浩译，上海译文出版社。

贝克特指导巴斯特·基顿排练《电影》

最后的结果不是如叶芝诗中所写的一种现实，而是一种非现实，或者一种黯淡得难以理解的现实。在贝克特的剧作中，胜利的是云霓，而不是那个男人，他永远受制于肉体的坏灭、狂躁的精神失常或迟钝的老朽衰年。

叶芝晚年大部分诗歌和剧作中的元素都很合贝克特的意。其中有一大堆陈年记忆，比如关于疯珍妮和疯汤姆的，还有那种种意象，关于衰朽的色欲、早年失去或得到的爱情、平坦和下垂的乳房、人形的旧稻草人，以及那些“劫掠、肆虐、灭绝”、最后却只是“进入现实虚无[1]”的人们。世界可以转变成想象中的天堂，这种意识在叶芝作品中很强烈，对于贝克特却是格格不入。但叶芝作品中时不时出现的这一意识的对立面（obverse），却让贝克特找到亲缘。贝克特是都柏林阿贝剧院[2]的常客，十分欣赏叶芝的晚年剧作。他尤其喜欢那部关于斯威夫特的《窗玻璃上的字》，剧中斯威夫特的声音有一句骇人的终场台词：“消灭我出生的那天。”他也喜欢叶芝改编的索福克勒斯的《俄狄浦斯王》，贝克特视之为人类普遍生存状况的最佳象征——被刺瞎双眼、剥夺一切的男人，就像《终局》中的哈姆。另一部打动他的剧作是《在鹰之井畔》，剧中一个老人

---

[1] 这是叶芝诗歌《迷卢》中的一句诗，“虚无”（nothingness）在原诗中是“荒凉”（desolation）。

[2] Abbey Theatre，叶芝等人于二十世纪初在都柏林创立，上演民族戏剧，被视为爱尔兰文艺复兴运动的摇篮。

和一个年轻人就像艾斯特拉冈和弗拉基米尔一样，徒劳地等待永远不会在他们身上发生的事情。《美好的日子》中的温妮引用过该剧中的一句话：“我向心灵之眼求助。”我们可以想象贝克特认同那个老人，他就像叶芝诗剧《库胡林之死》里的乔拉斯，在序幕最后嚷道：“我啐！我啐！我啐！”或者也可以想象贝克特认同叶芝剧作《炼狱》中的舞台布景，也有一棵《等待戈多》里那样的枯树。减少舞台布景，取消夸张的动作，浓缩
113 演员台词，这些既是贝克特也是叶芝戏剧的特色。我们不必夸大叶芝和贝克特的关联，前者讲述传奇地方的非凡事件，剖析英雄，后者则拒绝爱尔兰传奇，更喜欢剖析非英雄。不过，叶芝也有一种怀疑特质。他那些关于拜占庭的诗，关于机巧战胜自然，和那些关于虚无的诗，其中一切艺术只是他所谓的“梦中冰冷的雪花”（即便在《拜占庭》中，艺术之火也“烧不焦一片衣袖”）——两者相抵，取得了平衡。

在贝克特和三位前辈的关系中，他和乔伊斯的关系最难厘清。怀有敌意的评论家先是认为贝克特是乔伊斯的私淑弟子，可能主要因为他早期作品里的人物漫无目的地在城市里游荡。此类模仿多为戏谑。贝克特采用了乔伊斯式的独白，不过这事人人在做，乔伊斯本人也是模仿了迪雅尔丹[1]。两人都热衷某一

---

[1] Dujardin（1861—1949），法国作家。其最有名的小说是《月桂树被砍》，该小说是最早使用内心独白的作品，乔伊斯说，他在《尤利西斯》中使用的意识流手法就是渊源于此。

类幽默，尤其是费尽心思列举千篇一律的细枝末节，但这也是拉伯雷和卓别林热衷的。

贝克特认识乔伊斯大约是在乔伊斯生命的最后十三年间。他们时相往来，经常交流，不过大部分时候两人都是相对无言，沉默在彼此间传递，进入无知无觉的以太中。贝克特曾说，他的短剧《即兴的俄亥俄》记录了他们的友谊。这指的是他们沿塞纳河漫步，一直走到天鹅岛。剧中写道："他们不谈一句话，两人成了一人。"贝克特几乎是唯一乔伊斯认可其才华的年轻作家。长篇小说《莫菲》发表后，乔伊斯写了一首拙劣的五行打油诗祝贺，尤为重要的是，乔伊斯向贝克特背诵了书中一段，写莫菲把烟灰倒在酒吧地板上，烟灰混合了痰、锯末和呕吐物，那是乔伊斯这位擅长混合模式和污秽意象的大师会欣赏的。

贝克特赞赏乔伊斯作品中他后来所说的"英雄业绩，英雄存在"。尽管如此，他也不是全心全意认可乔伊斯的所有作品，尤其认为斯蒂芬·代达勒斯的使命感太过强烈，他自身的存在则建立在发誓放弃上。他觉得乔伊斯的剧作《流亡者》冷
酷无情。乔伊斯在他们订交期间创作的《芬尼根守灵夜》赢得 115
了他的崇敬。贝克特是第一个试图翻译这部书的人，他还应乔伊斯之约撰文为之辩护。但他并非完全赞同它的叙述视角。书中所暗示的"昨天将会是明天"也许正确，而令贝克特惊奇的是，乔伊斯似乎没有区分撒旦的堕落和麻雀的死亡。从这一角

度思考人生，就把人生变成了一出悲哀而嬉笑的闹剧。贝克特也许认同乔伊斯的格言："又和原先一样了"[1]。事实上，他以"别无他法"（nothing new）为《莫菲》开头，以"无法乌有"（Nought anew）为《向着更糟去呀》结束。但是这一重复并没有在他心底激起容忍或接受。所以在一首关于乔伊斯的离合诗中，他自称为乔伊斯宇宙的背叛者。

乔伊斯对待语言的态度是两人另一个不同点。《芬尼根守灵夜》的创作源自乔伊斯久蓄于心的愿望：创造一种超越国界的语言，所有已知的语言都是它的分支。对于这样一种语言，《芬尼根守灵夜》的多语杂糅至少是一种隐喻。贝克特不会用这样的言辞来赞美文字。因为不同于乔伊斯和斯蒂芬·代达勒斯，贝克特并不认为文学是对人类精神的永恒肯定，语言也必然会遭遇地位的下降。贝克特作品中，说话的目的不是更多的说话。开口是因为不得不，并期待最后闭嘴。他告诉劳伦斯·哈维说："文字是一种形式的自满。"贝克特可能更为认同《尤利西斯》中布卢姆的沉思："卡吕普索"一章里想到老年是"灰不溜秋的沉穴"（grey sunken cunt）（这最后一个字贝克特尤为欣赏）；"哈得斯"一章里想到"滋生蛆虫的死亡"（maggoty death）；"喀耳刻"一章里则是乔伊斯描述的无意识的残忍。非常符合贝克特口味的是安娜·普鲁拉贝尔的死亡场面，"既悲

[1] The seim anew，出自《芬尼根守灵夜》。

伤又衰老”[1]的她发现自己无情地从河流漂入盐海之中。

我努力想表明在贝克特的时代，王尔德、乔伊斯和叶芝如何呈现了他的一些特点。但如果我们暂时把他视为他们的继承人，尽管他和所有伟大作家一样并没有师承，我们对待他的态度就会发生某种变化。在《芬尼根守灵夜》中，乔伊斯颇为讽刺地把这类艺术家描绘成“乌有之乡的无名人物”，存在于他
116 自己最具疑虑的灵魂真空中。贝克特也许会被认为是这类艺术家的代表，除了某些差异。贝克特的确在《怎么回事》中玩起文字游戏，把乔伊斯的“进行中的作品”（work in progress）写成“预见中的废墟”（ruins in prospect）。但是，由于他的疑虑挑战了前辈的肯定，所以如果人们读过那些前辈之后再读他，他的疑虑也许就不会显得那么尖锐了。特别是，他的拒绝伴随着数不胜数的滑稽细节。

在雷声中拒绝是一回事，在杂耍中拒绝则是另一回事。对于诺贝尔奖评审委员会的授奖词“使现代人从精神困乏中得到振奋”，贝克特从来不愿表示接受或拒绝。他肯定没有在心里设定过这样的目标。但诚如尼采所说：“只有有坟墓的地方才会有复活。”知道我们将遭遇恐怖，总归是有益的。乔伊斯声称使睡眠中度过的人类三分之一生命有了发言权。贝克特则可以声称使可能在衰朽中度过的个体三分之一生命有了发言权。

---

[1] 参看《芬尼根守灵夜》第八章。

他有充分理由对自己的目的慎重地保持缄默。解释就是弱化。随着作品越来越短，他似乎在暗示忠实于生活的意象必须被挤出。而他的音乐律动，他精巧准确的句子，不由得避开虚无。即便如此，诚如他在《说不清道不明》中所说："无计可施的想象力张开了它伤心的翅膀。"如果他仅是想让我们消沉，那也许可以说他骗过了自己。那些伤心的翅膀不仅是挥洒姿态，也是泰然沉着。我们如同沙罗曼蛇，在他的烈火中幸存。

传记中的“都柏林文学四杰”

——代译后记

哈佛大学教授沃尔特·杰克逊·贝特在其传世之作《约翰生传》中对约翰生的《诗人传》评价很高，说约翰生创造出了一种新的写作形式，即真正的“文学传记”：“他的做法是在传记中融入对作家作品乃至思想的格调与特点作出具体批评分析。”贝特还认为“经过两代人之后，才有另一位文学评论家能够像约翰生一样，在讨论大量作家的过程中将传记和批评方面的洞察力相结合，他就是圣伯夫”。（参见沃尔特·贝特《约翰生传》，李凯平、周佩珩译，广西师范大学出版社，2022 年版，第 707 页）我想再加上美国人理查德·艾尔曼，他也是像约翰生和圣伯夫一样将传记融入作家作品的具体批评分析的一位批评家和传记作家。《都柏林文学四杰》就是这样一部作品，它既是传记也是文学批评著作。

一

在理查德·艾尔曼笔下，奥斯卡·王尔德、W.B. 叶芝、詹姆斯·乔伊斯和塞缪尔·贝克特是“都柏林文学四杰”（Four Dubliners），他曾为其中的三人写过传记，在学界颇为流行。“四杰”中乔伊斯和贝克特的关系最有意思：一般认为贝克特奉乔伊斯为师，在写作方式和风格上刻意模仿乔伊斯。两人在巴黎侨居期间时相过从，贝克特是乔伊斯巴黎家中的常客。两人的性格也颇为接近，习惯于沉默相对，内心都充满了悲哀，但贝克特主要是为世界感到悲哀，而乔伊斯则主要是为自己而发愁。两人的坐姿也相同，都喜欢把一条腿压在另一条腿上，上面那条腿的脚尖别在下面那条腿的腿肚子后面。乔伊斯虽然喜欢贝克特，但不愿跟他太过接近。乔伊斯曾经坦言：“我只喜欢自己家里人，别人我谁也不喜欢。”随着接触的增多，加上贝克特不断有小说和戏剧作品问世，乔伊斯开始喜欢上了贝克特，按照艾尔曼的说法：“贝克特的头脑有一种微妙的精细敏锐性对乔伊斯有吸引力。”贝克特几乎成了乔伊斯唯一认可具有创作天才的年轻作家，贝克特的长篇小说《莫菲》出版后，反响不错，乔伊斯可以脱口而出背诵其中的一些句子。他也终于不再称呼年轻人“贝克特先生”，而改称“贝克特”了。在艾尔曼看来，这一称呼的转变，在乔伊斯侨居巴黎期间几乎是绝无仅有的，贝克特简直是受宠若惊了。贝克特在乔伊斯家中不仅是客人还充当速记员角色，记录下乔伊斯口授的小说内容。有一次乔伊斯正在口授《芬尼根守灵夜》片断，突然听到有人敲门，贝克特则心无旁骛地专心记录，没有听到敲门声，乔伊斯喊了一声“进来”，贝克特也把“进来”记录了下来。后来贝克特把记录下来的内容读给乔伊斯听，乔伊斯问：“那个‘进来’是怎么回事？”贝克特回答：“是您说的。”乔伊斯略作沉思道：“就这样吧，不用改了。”这段轶闻趣事是贝克特接受访谈时亲口说的，真实性应该不容置疑。贝克特对他这种奇特的写作方式，既感到佩服不已又觉得难以理解。作为读者，我们对此恐怕是难以理解更无法佩服了。有一种解释是：乔伊斯对这种偶然巧合的现象往往是很乐于利用的，他的作品里充满了偶然巧合。乔伊斯的女儿露西娅也喜欢上了贝克特，但贝克特直截了当地告诉她说他来他们家，主要是为了见她父亲，这让露西娅深受刺激，她怂恿父亲冷落贝克特，结果有大约一年的时间，贝克特在乔伊斯家成了不受欢迎的人。贝克特后来跟朋友解释说自己心如死灰，内心缺乏感情，因此无法对露西娅产生爱情。露西娅后来疯癫病加重，跟贝克特断然拒绝她的感情不无关系。

二

《尤利西斯》这部“二十世纪最伟大的英语文学作品”最

早是在巴黎出版的，在英、美、爱尔兰三国都无法出版，原因是它宣扬色情淫秽。劳伦斯的《查泰莱夫人的情人》一书命运与《尤利西斯》庶几近之，最早也是在巴黎出版，也是从一本饱受争议的色情小说历经磨难成为现代英语文学的经典之作。两位作者是如何看待对方的作品的呢？艾尔曼在《乔伊斯传》中有两处做了透露。意大利作家尼诺·弗兰克是乔伊斯的崇拜者，他说服了乔伊斯担任他主编的刊物 *Bifur* 的编委，乔伊斯爽快地答应了，同时建议翻译一些作家的作品刊登在该刊物上。弗兰克请乔伊斯推荐作家人选，结果他推荐了爱尔兰、苏格兰、澳大利亚甚至南非的几位作家，却没有一个英国作家。弗兰克觉得奇怪，随口提了 T. S. 艾略特的名字，乔伊斯做了个鬼脸，不置可否。弗兰克不敢造次，谨慎地说 D. H. 劳伦斯也在巴黎。乔伊斯听了马上接口说道："此人写得实在糟糕，与其请他写还不如请他的朋友奥尔德斯·赫胥黎写点什么，那个家伙至少在着装上还马马虎虎过得去。"《查泰莱夫人的情人》一度在巴黎和《尤利西斯》竞争旅游者购买市场，乔伊斯出于好奇买了一本，自己视力不佳，请一位朋友（斯图亚特·吉尔伯特）读了几页给他听。他听得很仔细，听完之后只说了一个字"Lush!"（醉鬼！）。1931 年，乔伊斯在给另一位朋友的信中谈到《查泰莱夫人的情人》："我读了开头两页，英语是一如既往地拖沓啰嗦。斯图亚特·吉尔伯特为我读了一段描写在树林中裸体的抒情文字，还有结尾部分，那是一篇宣传文字，可是宣传的内容，至少在劳伦斯的国家之外，早已经不用宣传了。”可以看出，乔伊斯首先是不喜欢劳伦斯的语言，这不难理解，乔伊斯一直致力于语言革新，他在创作《芬尼根守灵夜》前就有一个久蓄于心的愿望：创造一种超越国界的语言，所有已知的语言都是这种语言的分支。劳伦斯那种中规中矩的英语自然难入他的法眼。其次对《查泰莱夫人的情人》结尾梅勒斯写给康妮的那封长信感到不满，乔伊斯认为这是一篇宣传文字，不是文学创作，更有甚者，它所宣传的内容在英国之外的欧洲其他国家已经是老生常谈了。最后但不是最不重要的，乔伊斯很在乎《尤利西斯》的销量，1936 年 8 月的一天，乔伊斯到《政治报》大楼的一家书店订购一本书，书店老板看到他的名字立刻认出了他，让他看书店里有售《尤利西斯》。乔伊斯非常高兴，当他看到《查泰莱夫人的情人》也同时在书店出售，而且听说销量比《尤利西斯》更好时，他马上变得很不高兴，情绪变化真是够快的。有意思的是，劳伦斯对《尤利西斯》也持否定的态度，他对夫人说：“结尾部分是有史以来最肮脏、最不雅、最淫秽的文字。真的，弗里达（劳伦斯夫人）……简直脏极了。”劳伦斯对书中大量的细节也极为厌烦，他甚至在《解剖小说》一文中不无讽刺地写道：“‘我的小脚趾究竟是疼了一下，还是没有疼呢？’这是乔伊斯先生的每一个人物都要问的问题。”

三

《王尔德传》甫一出版便成畅销书，获得了著名的普利策传记奖。在艾尔曼的笔下，王尔德一生充满了矛盾。在宗教信仰上，他是位新教徒，但他终生具有天主教倾向；他结了婚，但他又是个同性恋者；他喜欢对语言文字精雕细琢，但他又讨厌写作；他出生于爱尔兰，但所受影响最深的是英国文化，他的作品浅显易懂，他的为人却屡遭误解。王尔德一生的行藏主要在十九世纪，十九世纪末的欧洲正处于一个所谓的“世纪末”的特殊时期，许多同王尔德一样富有才智的作家和艺术家，对于当时的现实及艺术商品化现象极为憎恶。他们对现实和艺术都产生了幻灭感和危机感，于是萌发了一种苦闷、彷徨、颓废的悲观心理和在艺术上要求自由的情绪。他们激烈地反对现实主义，认为在现实世界里只有贪婪、丑恶和苦难，只有在远离现实生活的艺术中才能找到真正的美。因此，他们大力标举“为艺术而艺术”的口号，宣扬艺术至上，躲进艺术的“象牙塔”。可以说，这既是精神上的逃避和解脱，也是艺术上的反抗和自卫。王尔德对此有过很好的解释：“在这动荡而纷乱的时代，在这纷争和绝望的可怕时刻，只有美的无忧的殿堂，可以使人忘却，使人快乐。我们不去往美的殿堂还能去往何方？只能到一部古代意大利异教经典所说的圣城的地方去，去那里一个人至少可以暂时摆脱尘世的纷扰与恐怖，逃避世俗的选择。”这段话无疑是王尔德唯美主义思想的精髓所在。

王尔德自称是个艺术家，他身兼诗人、小说家、戏剧家、批评家之名，可谓多才多艺。但是依照文学史的定论，他的传世杰作在戏剧和小说，至于他的诗，除了《雷丁监狱之歌》外，多半追随浪漫主义和拉斐尔前派的余风，只能算是二流水平。他的小说《道连·葛雷的画像》是十九世纪英国乃至欧洲小说中的精品之作。遗憾的是，他只创作了这么一部长篇小说。他的主要创作成就在于戏剧，尤其是四部描写伦敦上流社会的喜剧——《温德米尔夫人的扇子》《一个无足轻重的女人》《理想丈夫》和《认真的重要》，至今仍是不少剧团的保留剧目。王尔德在喜剧创作上的卓越才华堪比莎士比亚。他才思如闪电，妙想如奔泉，一片锦心无论是付与巧腕或是宣之绣口，莫不天衣无缝，令人惊叹。所以，他的剧本在当时的演出是场场爆满，可谓占尽风光。著名小说家 H.G. 威尔斯、亨利·詹姆斯等只有羡慕的份，连同为剧作家的萧伯纳也撰文赞美。一百多年后，英美诸国再度掀起“王尔德热”。英国政府在西敏寺诗人角为王尔德设立了彩色展览橱窗；伦敦和都柏林分别为王尔德竖立起了纪念碑；英国广播公司放映了王尔德专题纪念片等。《认真的重要》和《温德米尔夫人的扇子》等名剧在伦敦和纽约等地重排上演，前者还被改编成了电影。王尔德的作品集也以各种形式在英美等国一版再版，笔者曾在美国访学期间购得《王尔德全集》的世纪纪念版。有人甚至在英国《星期日泰晤士报》上撰文，称王尔德“于是再度崛起，成为继莎士比亚之后，在欧洲被阅读最多、被翻译成最多国语言的英国作家”。

在中国，“王尔德热”也出现过两次。第一次是在“五四”时期，《新青年》等杂志率先介绍、宣传王尔德等唯美派作家作品及其艺术主张。王尔德的作品被翻译成中文，他的剧本在中国的舞台上演出，引起了强烈的反响。中国的很多作家和艺术家竞相阅读王尔德作品，在很多中国作家的作品中都可以发现王尔德的影响。第一次“王尔德热”，经过二十世纪二十年代的高峰，到了三十年代，在中华民族的生死存亡的危急关头开始消退，而到了四十年代对王尔德等唯美派作家出现了一段时间的“再认识”。第二次“王尔德热”出现在二十世纪末，在一些著名翻译家和外国文学研究者的积极推动下，1999 年出版了中文版的《王尔德全集》。王尔德是个有争议的作家，这种争议既体现在对他的为人评价上，也表现在对他作品的解读上。

四

叶芝曾经说过：“后世之人将对我众说纷纭，而他们所说却无非幻想而已。”这一预言不幸言中了后人对叶芝认识的偏颇甚至误解。艾尔曼在《叶芝：真人与假面》一书中以其优美的文字、深厚的学养和广博的知识揭开了叶芝的一张张假面，将叶芝的真人形象展现在读者面前：醉心于神秘之学的叶芝、并不懂政治的爱尔兰自由邦参议员叶芝、沉湎于感官享受的叶芝、才华横溢的诺贝尔奖得主叶芝。

据叶芝夫人回忆，叶芝早年对神秘主义极感兴趣，他们认识后不久，叶芝就鼓励她加入了一个属于降神会的神秘组织“金色黎明”。而叶芝本人之所以在这段时间积极参加降神会的活动，是因为他心中怀有结婚计划：他会首先向灵媒询问关于死后世界的秘密，接着便会问到自己此生有多大可能与旧日的心上人茉德·冈结为夫妻。婚后不久，叶芝从对“鬼魂”的痴迷转向对无意识自动写作的兴趣：在自动写作时他仿佛听到了通灵的声音。他的日常行为也受到通灵的影响：要按照自动写作的要求将人们置于各自相应的月相（The Phases of the Moon）中，需要倾听人们的话语，观察他们的行为方式。叶芝最终将通灵的启示写成了一本书《灵视》，这本书的第一版在1926年得以面世。此后不久，叶芝意识到书中的许多内容与自动写作原稿太过相近，需要进一步阐明。他决定为这本书出第二版，并在这版中说出自动写作究竟是怎么回事。叶芝夫人表示了反对，两人为此发生了他们婚姻中唯一一次争吵，但最终叶芝赢了。1937年《灵视》第二版问世，这本书介于哲学与虚构之间，殊难界定究竟是什么性质的书，全书充满了神秘主义的气氛。艾尔曼承认自己对鬼神无甚了解，但他认为：叶芝心中的玄学冲动与他作为一名诗人的伟大是不可分割的。如果没有了这种冲动，他的诗便剩不下几首。

（《叶芝：真人与假面》,《1979 年版前言》，第 17 页）

叶芝与茉德·冈的关系是读者最为感兴趣的，在叶芝的诗歌和生命中，茉德·冈的影子无处不在。艾尔曼曾多次拜访过她，让我们感到惊讶的是，她并不认同叶芝对二人关系的描述，叶芝认为茉德·冈从未坚定地拒绝过他，她却认为自己从未给予他抱有希望的理由。艾尔曼还告诉我们：茉德·冈的女儿艾索尔特·（冈·）斯图尔特向艾尔曼透露说“我母亲说不上有多少判断力，但她至少知道自己不该嫁给叶芝这个不适合她的人”。从艾尔曼对两人关系的叙述中，我们不难得知他们两人之间的感情纠葛远非如这对母女所说的那样简单。根据叶芝的第一份自传手稿，茉德·冈曾与叶芝缔结“灵婚”，也许她已经忘记了。艾尔曼动情地写道：“当她写信通知他自己嫁给了约翰·麦克布莱德时，叶芝觉得她背叛了这个誓言。不过他仍压下了自己一开始感到的震惊与痛苦。他是一位太过优秀的诗人，也是一个太过宽容的男人，不可能不明白美丽自有特权，而这特权也包括残忍。他的许多诗歌既清晰呈现了自己受到的伤害，也煞费苦心地表达了自己的宽恕。”（《叶芝：真人与假面》,《1979 年版前言》，第 23—24 页）我读至此，深深地同情叶芝，同时也为叶芝有像艾尔曼这样善解人意的作家为他作传感到欣慰。艾尔曼还透露了一件连叶芝本人也不知道的事情：茉德·冈在 1889 年对叶芝一家进行那次意义重大的首次拜访时，她已陷入与某个法国人的热恋之中。一年之后，即 1890

年 1 月，她便成为一个名叫乔吉特的小男孩的母亲，而孩子的父亲是一名已婚男子。叶芝对这个男人的存在一无所知，并且觉得她已经接受的灵婚最终也许可以变为现实。1894 年，茉德·冈又跟这个男人生了一个女儿，这个女儿就是上文提到的艾索尔特。茉德·冈为了照顾女儿，有一年多时间留在了法国。这期间，叶芝认识了奥利维亚·莎士比亚，也就是著名诗人埃兹拉·庞德的丈母娘，庞德后来娶了莎士比亚夫人的女儿多萝茜。叶芝与莎士比亚夫人的这段感情并不复杂，她让他不用承担“青春那梦幻般的重负”（叶芝诗作《友人们》中诗句）。但是，几个月后，叶芝收到了茉德·冈的信，信中说她梦见了他，这封信给叶芝带来的焦躁不安尽在莎士比亚夫人眼中，于是她知趣地结束了两人之间的关系。莎士比亚夫人的举动长久地令叶芝心怀感激，两人终生保持好友关系。相比之下，在处理与叶芝之间的关系上，我认为莎士比亚夫人要比茉德·冈理智得多，对叶芝的感情伤害要小得多。难怪艾尔曼认为：叶芝赋予她（茉德·冈）一种不朽，而这种不朽或许她并不应得。(《叶芝：真人与假面》,《1979 年版前言》, 第 23 页）我认为这一判断是再恰当不过的。

五

“为人性僻耽佳句，语不惊人死不休”，是杜工部作诗之肯下苦功的自我写照。其实，古今中外的诗人作家中，对自己的作品采取字斟句酌、郑重其事态度的不乏其人，许多读来天衣无缝的名著往往是呕心沥血的结果。即便是才华横溢的诗人作家也很少能做到倚马可待、下笔立就的。读了几部传记之后，比如：王水照的《钱锺书的学术人生》、钱之俊的《晚年钱锺书》和范旭仑的《钱锺书的性格》以及理查德·艾尔曼的《乔伊斯传》《叶芝：真人与假面》和《都柏林文学四杰》，更是让我相信所谓的“捷才”恐怕只是难得一见的例外。钱锺书和乔伊斯是众所公认的中外两大才子，两人都精通多国文字。钱锺书先生对自己的文章著作要求极为严格，总是不断地对自己的前作“增补”、“补订”、“补遗”，力求做到精益求精，并自嘲自谥“钱文改公”。《乔伊斯传》中屡屡见到乔伊斯不厌其烦修改自己作品的记载，甚至连标点符号都不轻易放过，他校对《都柏林人》时将编辑擅自加入的逗号统统删除，改动了一千多处。标点符号在《尤利西斯》一书中有着重要意义，绝不可等闲视之，比如最后一章整章没有标点，曾引来批评家们众说纷纭的评论，其中中国诗人徐志摩早在1922年此书刚一出版时就读过并且评论道：最后一整章没有标点的文字“那真是纯粹的‘prose’，像牛酪一样润滑，像教堂里的石坛一样光澄……一大股清丽浩瀚的文章排傲而前，像一大匹白罗批泻，一大卷瀑布倒挂，丝毫不露痕迹，真大手笔！”（《徐志摩全集》第一卷第358页，广西民族出版社，1991年）。《尤利西斯》译成法文版时，乔伊斯竟然坚持把法语文字本身所具有的音符也全部删去。再比如该书第十七章最后一行是一个圆点，艾尔曼认为这个圆点并非没有意义，是对前一行提出的问题“何往？”的回答。有意思的是，最初排印时排印工误以为这个圆点是沾在原稿纸上的类似苍蝇屎之类的污斑，差点就把它删掉了。至于对词汇、语句的改动则更是家常便饭了，常常把校样改得面目全非，让编辑和印刷工人大光其火。比如《尤利西斯》的第十五章，据乔伊斯自己讲曾重写了有七八遍之多，艾尔曼认为这一章写得确实不同凡响。乔伊斯曾告诉朋友说该书有三分之一的篇幅都是在最后定稿前重新修改创作而成的。

原版索引 [1]

[1] 对应页码为本书页边码。

Richard Ellmann
FOUR DUBLINERS

图字：09-2022-0221 号

图书在版编目（CIP）数据

都柏林文学四杰 /（美）理查德·艾尔曼(Richard Ellmann) 著；吴其尧译. — 上海：上海译文出版社，2023.9

书名原文：FOUR DUBLINERS

ISBN 978-7-5327-9220-7

Ⅰ.①都… Ⅱ.①理… ②吴… Ⅲ.①作家—人物研究—爱尔兰—现代 Ⅳ.①K835.625.6

中国国家版本馆 CIP 数据核字（2023）第 194325 号

都柏林文学四杰

［美］理查德·艾尔曼 著　吴其尧 译
责任编辑 / 顾　真　装帧设计 / 周伟伟

上海译文出版社有限公司出版、发行
网址：www.yiwen.com.cn
201101　上海市闵行区号景路 159 弄 B 座
上海盛通时代印刷有限公司印刷

开本 889 × 1194　1/32　印张 5　插页 5　字数 64,000
2023 年 10 月第 1 版　2023 年 10 月第 1 次印刷
印数：0,001—5,000 册

ISBN 978-7-5327-9220-7/I · 5739
定价：72.00 元